ALBERTO MORAVIA

SETTE RACCONTI

EDIZIONE SEMPLIFICATA AD USO SCOLASTICO E AUTODIDATTICO

Questa edizione, il cui vocabolario è composto con le parole italiane più usate, è stata abbreviata e semplificata per soddisfare le esigenze degli studenti di un livello leggermente avanzato.

Seguendo il metodo del DIZIONARIO GARZANTI DELLA LINGUA ITALIANA indichiamo l'accento (.) sotto le parole non piane. Le forme verbali finite lo riportano tuttavia soltanto in composizione con i pronomi.

A CURA DI

Solveig Odland
Pina Zaccarin *Danimarca*

CONSULENTI

Herbert Friedländer *Svezia*
Barbara Huter *Germania*
Frank King *Inghilterra*

Copertina: Ib Jørgensen
Illustrazioni: Oskar Jørgensen

© 1972 by ASCHEHOUG A/S
ISBN Danimarca 87-429-7792-4

Stampato in Danimarca da
Sangill Bogtryk & offset, Holme Olstrup

ALBERTO MORAVIA
(Alberto Pincherle)

nato a Roma nel 1907, da quarant'anni sta sulla scena letteraria italiana con una produzione molto ricca di saggi, romanzi e novelle.

Al primo romanzo di influsso decadentista, *Gli Indifferenti* (1929), fecero seguito opere legate al neorealismo come *La Romana* (1947), *Il conformista* (1951), *Racconti Romani* (1954), *La ciociara* (1957), dove insiste sullo studio del mondo popolare e del sottoproletariato, sui problemi creati dalla guerra, sul passaggio dal mondo dell'infanzia a quello della giovinezza attraverso il risvegliarsi dei sensi.

Più tardi Moravia si è riavvicinato alla tematica esistenziale, sia con il romanzo *La noia* (1960), sia con opere di teatro – *Il mondo è quello che è* (1966), *Una cosa è una cosa* (1967) – sia con numerosi saggi nei quali ha cercato di chiarire quelli che egli ritiene i propri strumenti di espressione: soprattutto la psicanalisi – per capire il mondo interiore del personaggio – e il marxismo – per comprendere i rapporti sociali.

Attivissimo, ha ultimamente pubblicato *Io e Lui* (1970) e *Le strisce della zebra* (1972), ultimo saggio in ordine di tempo della sua vasta produzione.

INDICE

LA PAROLA MAMMA

I casi della vita sono tanti, e trovandomi una sera al bar
con Stefanini, così, fra una parola e l'altra, gli domandai
se si sentiva capace di scrivermi una lettera come di
uno che abbia fame, sia senza lavoro, debba provvedere
alla madre malata di un male senza speranza e, per
questi motivi si raccomandi al buon cuore di qualche
benefattore, chiedendogli dei soldi per togliersi la fame e
per curare sua madre. Stefanini era un morto di fame
numero uno, sempre senza un soldo, sempre pronto a
cercare le buone occasioni; ma aveva l'arte di saper
scrivere. Faceva il *giornalista,* mandando ogni tanto
qualche *articolo* ad un giornaletto del paese suo e, *a
tempo perso* era anche capace di buttar giù, *lì per lì,*
una poesia, su questo o quell'altro argomento, con tutti i
versi per bene al loro posto. Mostrò subito interesse e
mi domandò perché volevo quella lettera. Gli spiegai
che, appunto, i casi della vita sono tanti; io non ero
nato per scrivere e poteva venire il momento che una
simile lettera mi servisse e allora non succedeva tutti
i giorni di avere sotto mano uno Stefanini capace di
scriverla secondo tutte le regole. Con crescente interesse,
lui si informò se mia madre fosse malata davvero. Gli
risposi che, per quanto mi risultava, mia madre che
viveva al paese stava in buona salute; ma, insomma, tutto poteva succedere. Per farla breve, tanto insistette e
mi chiese che finii per dirgli la verità; e cioè che vivevo,

---

benefattore, chi fa del bene aiutando i poveri
giornalista, chi scrive sui giornali per professione
articolo, scritto di un giornale
a tempo perso, nel tempo libero
lì per lì, sul momento, subito

come si dice, di *espedienti* e che, in mancanza di meglio, uno di questi espedienti avrebbe potuto essere appunto questa lettera che gli chiedevo di scrivermi. Lui non *si meravigliò* affatto, e questo mi sorprese; e mi fece ancora molte domande per sapere come avrei usato la lettera. Sentendolo ormai amico, fui sincero: gli dissi che sarei andato con quella lettera da persona fornita di soldi e gliel'avrei lasciata insieme con qualche oggetto di poco valore, un piccolo quadro, per esempio, avvertendo che sarei passato dopo un'ora per ritirare quanto lui avrebbe voluto offrire. L'oggetto d'arte *fingevo* di regalarlo, quasi fosse il mio modo di ringraziare; in realtà serviva a far crescere la somma di denaro perché il benefattore non voleva mai ricevere più di quanto dava. Conclusi dicendo che se la lettera era scritta bene, il colpo non poteva non dare i suoi risultati e che, in tutti i casi, non c'era pericolo di conseguenze con la polizia: si trattava di somme piccole e poi nessuno voleva ammettere di essersi lasciato *ingannare* in quel modo, neppure con la polizia.

Stefanini ascoltò tutto con la massima attenzione; e poi si dichiarò pronto a scrivermi la lettera. Io gli dissi che doveva tener conto soprattutto di tre argomenti: la fame, la *disoccupazione* e la malattia della mamma; e lui rispose che lasciassi fare a lui, che mi avrebbe servito di tutto punto. Si fece dare un foglio di carta e poi, dopo essersi raccolto un momento, il naso in aria, buttò giù la lettera rapidamente, di colpo,

---

espediente, mezzo di fortuna per togliersi dalle difficoltà
meravigliarsi, provare meraviglia
fingere, far credere qlco. che non è vero
ingannare, dare ad intendere cose non vere
disoccupazione, mancanza di lavoro

senza errori, senza il minimo dubbio, che era una meraviglia a vederlo e quasi non credevo ai miei occhi. Doveva anche spingerlo l'amor proprio, perché gli avevo di proposito ricordato che sapevo che era davvero un poeta e conosceva tutti i segreti dell'arte. Come ebbe finito, mi diede il foglio e io incominciai a leggere e rimasi senza parole. C'era tutto, la fame, la disoccupazione, la malattia della mamma e tutto era scritto proprio come si deve, con parole così vere e sincere che quasi quasi commossero anche me che le sapevo false. In particolare, dimostrando di ben conoscere l'animo umano, Stefanini aveva usato molte volte la parola »mamma«, in espressioni come «la mia adorata mamma», oppure «la mia povera mamma», oppure ancora «la mia cara mamma», ben sapendo che «mamma» è una di quelle parole che vanno diritto al cuore della gente. Inoltre aveva capito perfettamente il senso del regalo, e la parte della lettera che ne trattava era proprio un miracolo di bellezza per il modo come diceva e non diceva, chiedeva e non chiedeva e, insomma, gettava l'*amo* al pesce senza che questo potesse accorgersene. Gli dissi, molto sincero, che quella lettera era davvero un'opera d'arte; e lui, dopo aver riso di piacere, ammise che era scritta bene; tanto bene che voleva conservarla, e mi pregava di lasciargliela *ricopiare*. Così ricopiò la lettera e poi io, in cambio, gli pagai la cena e poco dopo ci separammo da buoni amici.

Qualche giorno dopo decisi di fare uso della lettera. Con Stefanini, parlando del più e del meno, gli era

---

ricopiare, scrivere di nuovo la stessa cosa

uscito di bocca il nome di una persona che, secondo lui, sarebbe splendidamente servita allo scopo: certo avvocato Zampichelli al quale, come mi disse, per l'appunto era morta la madre da circa un anno. Il fatto era stato causa di vivo dolore, informava ancora Stefanini, e lui si era dato a fare del bene, aiutando ogni volta che poteva la povera gente. Insomma, era proprio l'uomo che ci voleva, dato che non soltanto la lettera di Stefanini era commovente e convincente ma anche perché lui, per conto suo, era stato preparato a crederci dai casi della vita sua. Una bella mattina, dunque, presi la lettera e l'oggettino d'arte, un piccolo *leone* con il piede posato su una *palla* di falso marmo, e andai a suonare alla porta dell'avvocato.

palla   leone

Abitava in una villa ai Prati, in fondo a un vecchio giardino. Mi aprì una cameriera e io dissi velocemente: «Questo oggetto e questa lettera per l'avvocato. Ditegli che è *urgente* e che ritorno fra un'ora», le misi ogni cosa in mano e me ne andai. Passai quell'ora di attesa, camminando per le strade dritte e vuote dei Prati e ripetendo dentro di me quello che dovevo dire una volta in presenza dell'avvocato. Mi sentivo ben disposto, con

urgente, che non può aspettare

la mente lucida, ed ero sicuro che avrei saputo trovare le parole e il tono che ci volevano. Trascorsa l'ora, tornai alla villa e suonai di nuovo.

Mi aspettavo di vedere un giovane della mia età, era invece un uomo sui cinquant'anni, con una faccia *grassa,* rossa, senza capelli, gli occhi pronti alle lacrime, sembrava un cane San Bernardo. Pensai che la madre morta dovesse aver avuto almeno ottanta anni e, infatti, sul tavolo di lavoro c'era la fotografia di una vecchissima signora dai capelli bianchi. L'avvocato sedeva ad un tavolo pieno di carte, ed era in abito da casa, con il collo aperto e la *barba* lunga. Lo studio era grande, pieno di libri, con molti quadri, armi, vasi di fiori. L'avvocato mi accolse come un cliente, pregandomi subito, con voce triste, di sedermi. Poi si strinse la testa fra le mani, come per *concentrarsi,* tristemente, infine disse: «Ho ricevuto la sua lettera... molto commovente».

Ringraziai dentro di me Stefanini e risposi: «Signor avvocato, è una lettera sincera... perciò è commovente... mi è venuta dal cuore».

«Ma perché, fra tanti, è venuto proprio da me?».

«Signor avvocato, voglio dirle la verità, so che lei ha avuto un grandissimo dolore», l'avvocato mi stava a sentire, ad occhi quasi chiusi, «e ho pensato: lui che ha sofferto tanto per la morte di sua madre, capirà il dolore di un figlio che vede la sua mamma morirgli, per così dire, sotto gli occhi, giorno per giorno, senza potere aiutarla...».

L'avvocato, a queste parole, che dissi in tono com-

---

grasso, si dice di persona che pesa troppo
barba, i peli che crescono sul viso degli uomini
concentrarsi, raccogliersi nei propri pensieri

mosso perché cominciavo ad entrare nella mia parte, fece di sì con la testa, più volte, come per dire che mi capiva e quindi, levando gli occhi, domandò: «Lei è *disoccupato?*».

Risposi: «Disoccupato? È poco dire, signor avvocato... sono disperato... la mia è una continua disgrazia... ho girato tutti gli uffici, sono due anni che giro e non trovo nulla... signor avvocato non so più come fare».

Avevo parlato con la voce di chi non ne può più. L'avvocato si prese di nuovo la testa fra le mani e poi domandò: «E sua madre che ha?».

«Signor avvocato, è malata qui», dissi; e, per fargli ben impressione, feci un viso serio serio e mi toccai il petto con un dito. Lui sospirò e disse: «E quest'oggetto... questo piccolo animale?».

Avevo preveduto la domanda e risposi veloce: «Signor avvocato... siamo poveri, anzi siamo in miseria... ma non fu fempre così... Una volta stavamo bene, si può dire... il babbo...».

«Il babbo?».

Rimasi sorpreso e domandai: «Sì. perché? Non si dice così?». «Sì», disse lui stringendosi la testa; «si dice proprio il babbo. Continui».

«Il babbo aveva un negozio di stoffe... avevamo la nostra casa... signor avvocato, abbiamo venduto tutto, pezzo per pezzo... quel piccolo animale è l'ultimo oggetto che ci rimane... stava sul tavolo del babbo».

«Del babbo?».

Mi fermai di nuovo e, questa volta, non so perché, dissi: »Sì, di mio padre... insomma è il nostro ultimo avere... ma, signor avvocato, io voglio che

disoccupato, senza lavoro

I 2

lei lo accetti in cambio di quanto lei potrà fare...».

«Sì, sì, sì,», ripeté tre volte l'avvocato, sempre con la testa stretta fra le mani come per dire che capiva tutto. Poi rimase un lungo momento in silenzio, a testa bassa. Sembrava che pensasse. Finalmente si tolse dai suoi pensieri e mi domandò: «Con quante emme la scrive lei la parola mamma?».

Questa volta rimasi davvero sorpreso. Pensai che, ricopiando la lettera di Stefanini, avessi fatto un errore e dissi, incerto: «Ma la scrivo con tre emme, una in principio e due in fondo».

Lui disse con tono di vivo dispiacere quasi stesse soffrendo: «Vede, sono proprio queste emme che mi rendono *antipatica* quella parola».

Ora mi domandavo se, per caso, il dolore per la morte della madre, non gli avesse fatto perdere il buon senso. Dissi, a caso: «Ma si dice così... i bambini dicono mamma e poi, da uomini, continuano a dirlo per tutta la vita, finché la madre è viva... e anche dopo».

«Ebbene» egli gridò ad un tratto con voce fortissima, dando un pugno sulla tavola che mi fece saltare, «questa parola, appunto perché ci sono tante emme, mi è antipatica... molto antipatica... capisce Lopresto?... Molto antipatica...».

Provai a dire: «Ma signor avvocato che posso farci io?».

«Lo so» egli riprese stringendosi di nuovo la testa tra le mani, con voce normale «lo so che si dice e si scrive mamma, come si dice e si scrive babbo... lo dice anche il padre Dante... Ha mai letto Dante, Lopresto?».

«Sì, signor avvocato, l'ho letto... ho letto qualche cosa».

---

antipatico, che non piace

13

«Ma nonostante Dante, le due parole mi sono antipatiche» egli continuò «e forse mamma mi è più antipatica di babbo».

Questa volta tacqui, non sapendo più che dire. Poi, dopo un lungo silenzio, tentai: «Signor avvocato... capisco che la parola mamma, per via della disgrazia che l'ha colpita, non le piaccia... ma dovrebbe lo stesso avere un po' di pietà per me... tutti abbiamo una mam... voglio dire una madre».

Lui disse: «Sì, tutti ... ».

Di nuovo, silenzio. Poi lui prese dal tavolo il mio leoncino e me lo tese dicendo: «Tenga, Lopresto, si riprenda il suo oggetto».

Lo presi e mi levai in piedi. Lui levò di tasca il *portafogli,* ne tolse un biglietto da mille lire, e disse, offrendomelo: «Lei mi sembra un buon giovane... perché non prova a lavorare? ... Così finirà presto in prigione, Lopresto. Eccole mille lire».

portafogli

Più morto che vivo, presi le mille lire e mi mossi verso la porta. Lui mi accompagnò e, al momento di uscire, mi domandò: «A proposito, Lopresto, lei ha un fratello?».

«No, signor avvocato».

«Eppure due giorni fa è venuto uno con una lettera uguale alla sua... la madre malata, tutto uguale... anche l'oggetto d'arte, anche se un po' diverso... siccome la lettera era parola per parola la stessa, pensavo che fosse suo fratello».

Non potei fare a meno di domandare: «Un giovane piccolo... nero, con gli occhi brillanti? ... ».

«Esatto, Lopresto».

Con queste parole, mi spinse fuori dello studio e io mi ritrovai nel giardino, il leoncino stretto al petto, pieno di sorpresa.

Avete capito? Stefanini si era servito della lettera secondo quanto io gli avevo insegnato, e prima di me. E con la stessa persona. Dico la verità, ero offeso. Che un poveraccio, un *disgraziato* come me potesse servirsi della lettera, va bene. Ma che l'avesse fatto Stefanini, un poeta, un giornalista, sia pure *mal ridotto,* uno che aveva letto tanti libri e sapeva perfino il francese, questa mi pareva grossa. E che diavolo, quando ci si chiama Stefanini, certe cose non si fanno. Ma pensai che anche la *vanità* doveva averci avuto la sua parte. Doveva aver pensato: «È una bella lettera, perché non usarla?», e allora era andato dall'avvocato Zampichelli.

---

disgraziato buono a nulla, oppure, senza fortuna
mal ridotto, senza soldi, in cattivo stato
vanità, amor proprio

Domande

1. Come vive Lopresto?

2. Come si vuol servire dell'aiuto di Stefanini?

3. Qual è il motivo per cui sceglie l'avvocato Zampichelli?

4. Che effetto fa sull'avvocato la parola mamma?

5. Come viene trattato Lopresto dall'avvocato?

6. Perché si sente offeso da Stefanini?

QUANT'È CARO

Dicono che gli amici si vedono nelle difficoltà, quando ci hai bisogno e l'amicizia si giudica in base ai soldi. Dicono che un amico che è un amico lo vedi in un'occasione, quando l'amico ha tutto da perdere e niente da guadagnarci a restarti amico. Sarà. Ma io penso che l'amico ci trova il proprio vantaggio ad aiutare l'amico nel bisogno; non foss'altro per il sentimento di essere di più di lui. Io dico invece che gli amici li vedi nella fortuna, quando le cose ti vanno bene, e l'amico rimane indietro e tu vai avanti e ogni passo avanti che fai è per l'amico come un terribile colpo contro di lui. Allora lo vedi, l'amico. Se ti è veramente amico, lui è felice della tua fortuna, proprio come tua madre, tua moglie. Ma se non ti è veramente amico, *l'invidia* gli entra nel cuore e vi lavora dentro in modo che presto o tardi non resiste più e te lo lascia vedere. Eh, è più difficile non essere *invidioso* dell'amico fortunato che pronto all'aiuto con quello *sfortunato*. E l'invidia è come un pezzo di legno che più la spingi sotto acqua e più ti torna in superficie e non c'è modo di ricacciarla nel fondo.

Quand'è che le cose mi sono cominciate ad andare bene? Posso dirlo di preciso, dal momento che mio *suocero* si decise ad aiutarmi e così potei mettere su la *macelleria* in quelle parti nuove, vicino a via Angelo

---

invidia, il sentirsi geloso della fortuna degli altri
invidioso, che prova invidia
sfortunato, senza fortuna
suocero, il padre della moglie o del marito
macelleria, negozio dove si vende la carne

Emo. Ora quand'è che Arturo ha cominciato ad avere, almeno quando stava con me, quel viso falso, quella voce poco naturale che pareva sempre dire le cose a mezza bocca, come se le parole lui se le fosse tirate indietro appena le aveva dette? Proprio verso la stessa epoca. Dopo aver lavorato in segreto per mettere a posto la macelleria, uno di quei giorni gli dissi: «Ahò, Arturo, ci ho una sorpresa per te». Disse sorridendo, contento: «E quale?». Risposi: «Se te lo dico non è più una sorpresa... vieni con me e lo saprai». Ci trovavamo al bar di piazza Farnese, in quel quartiere vecchio dove abitavamo tutti e due e dove lui ci aveva il negozietto di *cartoleria*, piccolo piccolo e senza luce; ed io, immaginando la sua gioia di amico vero, dissi: «Prendiamo un taxi: bisogna andare lontano». Durante la corsa lui non parlò, stranamente, ma non ci feci caso: preparavo la sorpresa.

Arriviamo in via Angelo Emo, scendo, pago, prendo una di quelle strade nuove verso un bel palazzone bianco, con una fila di negozi ancora vuoti. Gli indico il mio negozio, anch'esso chiuso come gli altri, ma con l'*insegna* parlante: «Luigi Proietti. Macelleria», e faccio: «Che ne dici?». Lui guarda e risponde: «Ah questa era la sorpresa», a denti stretti. Sempre pieno di entusiasmo, vado al negozio, apro con la mia bella chiave nuova, ed entro. Ora, chiunque, di fronte ad una macelleria come quella, con le pareti di marmo bianco, il banco in stile moderno, tutto marmi, che pareva d'essere in chiesa, il *frigorifero* grande che un uomo poteva starci in piedi

---

cartoleria, negozio dove si vende quello che serve per scrivere
frigorifero, apparecchio dove si conservano i cibi a bassa temperatura

insegna

senza piegare il capo, chiunque, dico, avrebbe detto: «Oh quanto è bello... Gigi hai una macelleria che è proprio un sogno... sono contento per te». Chiunque, ma non Arturo. Lui invece entrò stringendo la bocca, zitto zitto, quasi offeso. Domandai, sorpreso: «Beh, che te ne pare?». E lui: «Direi che va bene». Avete capito? «Direi», cioè non era poi tanto sicuro che la macelleria andasse bene. Ci rimasi male e insistetti, stupidamente: «Macellerie come queste a Roma ce ne sono poche». E lui: «Bisognerà vedere come va in seguito».

Fu quel giorno che cominciai a dar ragione a Iole, mia moglie, la quale da tempo mi ripeteva: «Arturo, un amico? Si vede che tu di amici non te ne intendi... quello, caro mio, non ti è amico... non lo vedi che non ti può soffrire?». Eh, le donne hanno un senso straordinario per queste cose; a parte il fatto che una moglie è sempre gelosa degli amici del marito e la prima cosa che fa, appena sposati, è allontanarglieli in una maniera o nell'altra.

Basta: Arturo in fondo aveva ragione; i negozi prima di tutto hanno da andar bene; ma il mio quasi subito andò *benone*. Avevo studiato bene il luogo; macellerie simili non c'erano a gran distanza; il quartiere veniva tutto lì e chi voleva comprare carne aveva da venire da me. In principio riuscii a coprire le spese, poi cominciai a guadagnare, infine, dopo appena un anno e mezzo, si può dire, non sapevo più dove mettere i soldi.

Arturo lo vedevo come prima, al caffè di piazza Farnese; ma ora non mi abbandonavo più al sentimento, lo tenevo d'occhio e l'osservavo, non foss'altro per vedere se Iole ci aveva ragione. Siccome Arturo non aveva mai soldi e la cartoleria gli bastava sì e no per vivere, gli offrivo io da bere, come, del resto, avevo sempre fatto. Ora però notavo che lui accettava sì, ma come per farmi dispiacere. E un giorno, perfino, al bar, mi disse: «Offrimi pure quello che vuoi, ma non farmelo pesare». Anche questa volta ci rimasi male. Che avevo fatto per offenderlo? Avevo tirato fuori un pugno di biglietti da diecimila lire e avevo detto al momento di pagare: «Mi dispiace tanto, signorina, ma oggi non ci ho che questi bigliettini qui, di poco valore». Uno

---

benone, molto bene

20

scherzo, insomma; ma che lo fece diventare verde e giallo, come se all'improvviso si fosse sentito male.

Venne l'inverno; e siccome di quei bigliettini di poco valore cominciavo ad averne parecchi in banca e sentivo che potevo ormai aprire un po' di più la borsa, decisi di farmi la macchina. Iole subito mi avvertì: «Comprala, ma non andarci la prima volta con Arturo. Quello, con l'invidia che ha, è capace di gettarci sopra il *malocchio*». Le risposi, come le rispondevo sempre quando mi parlava male di Arturo: «Questi sono affari miei. Arturo è un amico... tu non ci hai da dire nulla». Però ero rimasto colpito dalle sue parole, anche se non lo mostravo.

Ad ogni modo vado da Arturo, alla cartoleria e gli dico: «Vieni con me... andiamo a vedere insieme delle macchine... voglio comprarmene una». Lui fa: «Anche la macchina?». Gli era uscito senza volerlo e io lo guardai brutto e lui subito aggiunse: «Voglio dire che mi sembra che spendi un po' troppo... la macchina è una grossa spesa». Insomma, andammo all'*agenzia* e lì c'erano le macchine, grandi e piccole, in serie e fuori serie, in una ricchezza di luci e di marmi gialli.

Il *venditore* faceva di tutto perché io comprassi la più cara: »Signor Proietti, queste macchinette qui non sono per lei... roba da poco... io so quello che ci vuole per lei». E mi porta davanti una *fuoriserie* bianca, che era un

---

malocchio, cattiva fortuna che si attribuisce allo sguardo di certe persone
agenzia, negozio
venditore, colui che vende
fuoriserie, si dice di prodotto d'industria non fatto in serie; in particolare di automobili speciali, più di lusso di quelle del modello di serie

sogno. Gli domando il prezzo e lui battendomi sulla spalla con la mano: «Non parliamo di prezzi: questa è la macchina che ci vuole per lei. Punto e basta». Debbo confessarlo, queste maniere larghe mi piacevano: sono anch'io negli affari, si vedeva che il venditore mi conosceva, sapeva del mio *giro di affari* e, si sa, per chi ha negozio questa è la cosa più importante. Arturo faceva la solita faccia dura dura, e poi disse con una vocetta senza gioia: «Gigi, ha ragione il signore, questa è la macchina che ci vuole per te». «E perché?». E lui: «Non dici sempre che gli affari ti vanno tanto bene? Non dici che non sai dove mettere i soldi? Ecco, mettili in questa fuoriserie». Tutto questo con un tono così duro che mi spaventai, pensando che lui volesse spingermi a fare una spesa superiore ai miei mezzi e subito, lì per lì, rinunciai alla fuoriserie e scelsi una macchinetta grigia come tutte le altre. Il venditore disse: «Lei ci ha un buon amico che l'aveva consigliato bene... non importa... chi non muore si rivede... non passa un anno che lei torna qui e cambia la macchina con una fuoriserie...».

Passò un anno, gli affari continuavano ad andare bene, mi nacque un bambino; e in quest'occasione, bisogna dire che Arturo seppe vincere l'invidia e si mostrò gentile, tanto che quasi quasi anche Iole stava per cambiare opinione su di lui. Poveretto, anche lui si rendeva conto di essere invidioso e cercava di combattere questa passione, ma era più forte di lui. Però, quella volta, forse perché un bambino tutti possono averlo, anche i disgraziati, e un bambino non ha niente a che fare con la fortuna di un negozio, e uno può avere

---

giro di affari, movimento degli affari

un bambino, poniamo, il giorno stesso che i debiti se lo mangiano, lui, bisogna riconoscerlo, si comportò da vero amico. Venne con il regalino, si avvicinò al bambino nel suo lettino, dicendo con una voce che per la prima volta mi parve chiara: «Oh che bel bambino». Ne fui contento perché in fondo gli volevo bene e mi dispiaceva che mi *invidiasse*. Ma Iole non era convinta: «Aspetta a cantar vittoria... negli affari, devi vederlo... figli lui ne ha, anche troppi... sono i soldi che gli mancano».

Di lì a qualche mese, sempre con l'aiuto di mio suocero, comprai un appartamento in un palazzo poco lontano dalla macelleria. Fino ad ora avevo abitato in via Monserrato, una strada di vecchie case senza sole; e anche per la distanza del negozio non mi ci potevo più vedere. Anche questa volta volli fare ad Arturo la sorpresa: Io invitai per una *serata* a casa mia, senza dirgli che la casa non era più a via Monserrato bensì a via Angelo Emo e che la serata la facevo in onore del nostro appartamento nuovo. Passai in macchina alla cartoleria a prendere lui e la moglie, e lui osservò: «Siamo a due passi... che bisogno c'è della macchina?». Non risposi nulla e andai avanti, verso il Tevere e poi, passato il ponte, in direzione del Trionfale. Lui allora non disse più nulla, comprendendo; e io dissi: «Ma non lo sapevi che non stiamo più a via Monserrato? Credevo di avertelo detto. Ho comprato un appartamento vicino al negozio». Lui disse a bassa voce: «Mi fa piacere... proprio tanto».

Come arrivammo, per prima cosa gli feci visitare

---

invidiare, provare invidia
serata, festa

l'appartamento: «Questa è la cucina: guarda che bellezza, all'americana… questa è la sala da pranzo…
questa è la camera da letto, è quella che ci avevo a
via Monserrato, la sola cosa che ci rimane della casa
vecchia… e questa è la sala, guarda questi mobili… e
guarda questa radio… l'apri e diventa un bar». A
misura che passavamo da una stanza all'altra, in quel-
l'appartamento nuovo nuovo, pulito, pieno di luce, la
faccia di Arturo diventava sempre piú *scura*. Disse finalmente, quando tornammo in sala da pranzo per metterci
a tavola: «Non c'è che dire… un appartamentino proprio comodo… non ci manca nulla»; ma con una voce
così debole che Iole non poté fare a meno di osservare:
«Ma che, niente niente, le dispiace?». Arturo finse di
non aver udito.

Ci mettemmo a tavola. Iole aveva preparato un pranzo come per Natale. Eravamo tutti molto allegri, meno
naturalmente Arturo al quale sembrava tutto gli andasse
contro, tanto pareva *svogliato* e triste. Ma il più allegro
di tutti ero proprio io, perché quell'appartamento era il
segno di alcuni anni di fortuna: tutto in quegli anni mi
era andato bene, gli affari, la famiglia, la salute, tutto.
Così un po' per la soddisfazione, un po' perché avevo
bevuto parecchio, dimenticai Arturo e la sua invidia e,
alla frutta, mi alzai, il bicchiere in mano, e cantai dei
versi che avevo composto per l'occasione: »Fiori *bene-
detti,* macellerie ce ne sono a Roma, ma la migliore
è quella di Proietti». Era uno scherzo e mi aspettavo che
Arturo rispondesse, come è l'uso, anche lui con una
canzone, creata all'improvviso lì per lì. Invece lui non

---

scuro, senza luce, qui triste, preoccupato
svogliato, senza voglia di fare
benedetto, santo

disse nulla; e mentre levavo il bicchiere per bere alla salute di tutti, lo udii dire a bassa voce, tra i denti, come a se stesso, ma chiaramente: «Quant'è caro». Avete capito: quant'è caro. Come dire: «Ma quando la finisce?». Confesso che, ad un tratto, anche perché avevo bevuto e, si sa, il vino fa perdere il controllo, mi arrabbiai. Mi voltai verso Arturo e, nel silenzio, lo accusai: «Tu hai detto: «Quant'è caro».»

«Ma vattene, io non ho detto nulla».

«Sì, tu hai detto: «quant'è caro». E lo sai perché l'hai detto?».

«Io non so nulla».

«L'hai detto perché sei invidioso e hai invidia di me e ti dispiace che le cose mi vanno bene».

«Ma tu sei stupido… Invidioso io? E perché mai?».

Insomma finì male. Con Iole che, facendo sentire finalmente i suoi sentimenti, gridava ad Arturo: *«Invidia crepa»*. Con la moglie di Arturo che, piangendo, tirava il marito per il braccio perché venisse via. Con Arturo che rispondeva a me e Iole pur lasciandosi trascinare verso la porta dalla moglie. Lui pareva il più arrabbiato di tutti e credo che tra la sala da pranzo e l'ingresso mi abbia gridato in faccia tutto il male che pensava di me da anni; ma non voglio ripeterlo perché, ancora ripensandoci, mi riempie di dolore.

Se ne andò, finalmente; e io capii che la fortuna mi aveva fatto perdere il solo amico che avessi. Per questo dissi più tardi a Iole: «La colpa è tutta mia… m'accorgo adesso di averlo provocato… la fortuna bisogna saperla nascondere». Lei rispose: «Ascolta me: i soli amici veri sono i soldi. Gli altri vanno e vengono».

---

invidia crepa, qui vuol dire: che l'invidia crepi!, *crepare,* morire

Domande

1. Da che cosa si giudicano gli amici?

2. Come presenta Proietti la sua fortuna all'amico?

3. In quale modo si comporta Arturo di fronte alla vanità di Gigi?

4. Come interviene la moglie di Gigi nel rapporto fra questi ed Arturo?

LA *CIOCIARA*

Al professore, quando insisteva, gliel'avevo detto e ripetuto: «Badi professore, sono ragazze semplici... roba di campagna... badi a quello che fa... meglio per lei prendere una romana... le ciociare sono contadine, *analfabete*». Quest'ultima parola soprattutto era piaciuta al professore: «Analfabeta... ecco quello che ci vuole... almeno non leggerà i *fumetti*... analfabeta».

Questo professore era un uomo vecchio, con i capelli bianchi, che insegnava a scuola. Ma il suo interesse principale erano le *rovine*. Ogni domenica e anche in altri giorni lui andava qua e là, sulla via Appia, o al Foro Romano o alle Terme di Caracalla, e spiegava le rovine di Roma. In casa sua, poi, i libri sulle rovine occupavano più posto che in una *libreria:* cominciavano all'ingresso dove ce n'erano una quantità, e continuavano per tutta la casa, sale, stanze, stanzine: soltanto nel bagno e in cucina non ce n'erano. Libri che lui teneva molto cari e guai a chi glieli toccava; libri che pareva impossibile che egli potesse averli letti tutti. Eppure, non era mai soddisfatto, e quando non insegnava o dava lezioni in casa o spiegava le rovine, se ne andava al mercato di libri usati e ritornava sempre con un pacco di libri sotto il braccio. Perché si fosse messo in testa di volere per cameriera una ragazza del mio paese, per me era

---

ciociaro, contadino della Ciociaria
analfabeta, che non sa leggere e scrivere
fumetti, racconti formati da disegni in cui le parole escono come nuvole di fumo dalla bocca di chi parla
rovina, quello che resta di vecchie costruzioni non più in uso
libreria, negozio dove si vendono libri

un mistero. Diveva che erano più oneste e non avevano idee strane in testa. Diceva che a lui le contadine lo rendevano allegro con quelle belle facce rosse. Diceva che erano brave a far da mangiare. Insomma, siccome non passava giorno che non venisse in *portineria,* sempre insistendo con la ragazza ciociara e analfabeta, scrissi al paese, all'amico mio, e lui mi rispose che ci aveva appunto quello che ci voleva: una ragazza delle parti di Vallecorsa che si chiamava Tuda, che non aveva compiuto ancora venti anni. Però, mi diceva l'amico nella lettera, Tuda aveva una mancanza: non sapeva né leggere né scrivere. Ma io gli risposi che questo, appunto, voleva il professore: un'analfabeta.

Tuda arrivò una sera a Roma insieme al mio amico e io andai a prenderla alla stazione. Al primo sguardo, capii che era di buona razza ciociara, proprio di quelle che sono capaci di lavorare in campagna per una giornata intera senza lamentarsi, oppure di portare sulla testa, per le stradette di montagna, un *cesto* di mezzo *quintale.* Ci aveva le *guance* rosse che piacevano al professore, i capelli a *treccia* attorno alla testa e, quando rideva, mostrava i dentini bianchi bianchi. Non era vestita da ciociara, è vero, ma aveva il passo della ciociara che è abituata a mettere tutto il piede in terra. Portava sotto il braccio un cesto, e mi disse che era per me: dodici uova di giornata, ricoperte di foglie fresche. Le dissi che era meglio che le desse al professore, per fare buona impressione; ma lei rispose che non aveva pensato al professore, perché, trattandosi di un signore, ci

---

portineria, luogo dove sta il portinaio, cioè colui che custodisce le porte delle case e dei palazzi
quintale, peso di 100 chilogrammi

treccia

guancia

cesto

doveva di certo avere il *pollaio* in casa. Mi misi a ridere e, così, da una domanda all'altra, mentre andavamo verso casa, capii che era proprio una *selvaggia:* non aveva mai visto un treno, un'automobile, una casa di sei piani. Insomma, analfabeta, come voleva il professore.

Arrivammo a casa e io prima la portai in portineria per presentarla a mia moglie; e poi, su all'appartamento del professore. Venne lui ad aprire, perché non aveva gente di servizio ed era mia moglie che di solito gli metteva in ordine la casa e gli preparava da mangiare. Tuda, come entrammo, gli mise il cesto in mano dicendo: «Tieni, professore, prendi, t'ho portato le uova fresche». Io le dissi: «Non si dà del tu al professore...»; ma il professore invece le diede coraggio, dicendo: «Dammi pure del tu, figliola...»; e mi spiegò che quel tu lì era il tu romano, degli antichi romani, che anche loro, come i ciociari, non conoscevano il lei e trattavano la gente alla buona, come se fosse stata tutta una famiglia. Il professore, poi, portò Tuda nella cucina che era grande, con il gas, i piatti ben in ordine e, insomma, tutto il necessario, e le spiegò come funzio-

---

pollaio, luogo dove si tengono i polli
selvaggio, che vive fuori d'ogni civiltà

nava. Tuda ascoltò ogni cosa seria, in silenzio. Finalmente, con quella sua voce chiara e forte, disse: «Ma
io non so *cucinare*».

Il professore, sorpreso, disse: «Ma come? ...mi avevano detto che sapevi cucinare».

Lei disse: «Al paese lavoravo la terra. Cucinavo sì, ma
tanto per mangiare... una cucina come questa non ce
l'ho mai avuta».

«E dove cucinavi?».

«Nella *capanna*».

«Beh», fece il professore tirandosi la barba, «anche
noi qui cuciniamo tanto per mangiare... mettiamo
che tu debba cucinarmi un pranzo tanto per mangiare...
che faresti?».

Lei sorrise e disse: «Ti farei la *pasta* coi *fagioli*...
poi ti bevi un bicchiere di vino... e poi magari un
po' di frutta».

pasta   fagioli

«Tutto qui... niente secondo?».

«Come, secondo?».

«Dico, niente secondo piatto, pesce, carne?».

Questa volta lei si mise a ridere di gusto: «Ma
quando ti sei mangiato un piatto di pasta e fagioli col
pane, non ti basta?... che vuoi di più?... io con un

---

cucinare, far da mangiare
capanna, povera casa di legno

piatto di pasta e fagioli e il pane ci lavoravo tutto il giorno... tu mica lavori».

«Studio, scrivo, lavoro anch'io».

«Beh, studierai... ma il lavoro vero lo facciamo noi».

Insomma, non voleva convincersi che ci voleva, come diceva il professore, un «secondo». Finalmente, dopo aver discusso per un pezzo, fu deciso che mia moglie per qualche tempo sarebbe venuta in cucina per insegnare a Tuda. Passammo, quindi, nella camera da letto della cameriera che era una bella camera che dava sul cortile. Lei disse subito, guardandosi intorno: «Dormirò sola?».

«E con chi vuoi dormire?».

«Al paese, dormivamo in cinque nella stanza».

«È tutta per te».

Alla fine me ne andai dopo averle raccomandato di stare attenta e di lavorare bene perché ero responsabile così davanti al professore come all'amico che me l'aveva mandata dal paese. Uscendo, udii il professore che le spiegava: «Guarda che tutti questi libri devi tenerli in ordine e togliere la polvere ogni giorno». Lei allora domandò: «Che te ne fai di tutti questi libri... a che ti servono?». E lui rispose: «Per me sono come la *zappa* per te, al paese... ci lavoro». E lei: «Sì, ma io di zappa ne ho una sola».

Dopo quel giorno il professore ogni tanto, passando in portineria, mi dava notizie di Tuda. Non era più tanto contento il professore, per dire la verità. Un giorno mi

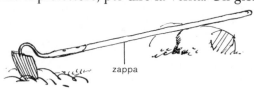

zappa

disse: «È proprio una contadina, non c'è nulla da fare... lo sa che mi ha fatto ieri? Ha preso un foglio sul mio tavolo, scritto da un mio studente, e se ne è servita per chiudere i *fiaschi* del vino». Dissi: «Professore, io l'avevo avvertito... roba di campagna». «Sì, però» concluse lui «è una cara figliola... buona, sempre in attività... proprio una cara figliola».

La cara figliola, come la chiamava lui, ci mise poco tempo a diventare una ragazza come tutte le altre. Cominciò, appena ricevette i primi soldi, col farsi il vestitino a due pezzi, che sembrava proprio una signorina. Poi si comprò le scarpette, poi la borsetta di pelle. Si fece anche tagliare la treccia, un vero peccato. Continuava, sì, ad avere le guance rosse, quelle non avrebbero perso così presto il colore come alle altre ragazze nate in città, ma proprio quelle piacevano e non soltanto al professore. La prima volta che la vidi con quel disgraziato di Mario, *l'autista* della signora del terzo piano, le dissi: «Guarda che quello non fa per te... le cose che dice a te, le dice a tutte». Lei rispose: «Ieri mi ha portato in macchina a Monte Mario». «Beh, e allora?». «È bello andare in macchina... e poi guarda cosa mi ha dato». E mi mostrò una *spilla* di quelle che si vendono a Campo di Fiori. Io le dissi: «Non capisci proprio nulla e non sai che quello ti porta per il naso... intanto non dovrebbe andare in macchina per conto suo, con te... se la signora lo viene a sapere, sente lui... e poi sta'

spilla

---

fiasco, tipo di bottiglia
autista, colui che guida la macchina

attenta... te lo dico ancora una volta, sta' attenta».
Ma lei sorrise e poi continuò ad uscire con Mario.

Passarono un paio di settimane, il professore un giorno
venne in portineria, mi chiamò da parte e mi domandò
a bassa voce: «Senta un po', Giovanni, quella ragazza è
onesta?». Dissi: «Questo sì, professore, *ignorante* ma
onesta». «Sarà» fece lui poco convinto «ma mi sono
scomparsi cinque libri di valore . . . non vorrei . . .».
Ancora una volta dissi che non poteva essere stata
Tuda e che, lui, i libri li avrebbe ritrovati di certo.
Ma il fatto mi diede da pensare, lo ammetto, e decisi di
tenere gli occhi bene aperti. Una sera, qualche giorno
dopo, vedo Tuda salire insieme con Mario. Lui disse
che doveva andare al terzo piano, per prendere ordini
dalla signora, che non era vero, perché la signora era
già uscita da più di un'ora e lui lo sapeva. Li lasciai
andare su, e poi salii anch'io e andai diritto all'appartamento del professore. Per caso avevano lasciato la porta
aperta, entrai, sentii che loro due parlavano nello studio
e capii che non mi ero sbagliato. Pian piano mi affacciai
alla porta, e cosa vidi? Mario, salito in piedi su una
sedia, che si appoggiava contro la *libreria,* tendendo
la mano verso alcuni libri che stavano più in alto; e lei,
la *santarella* dalle guance rosse, che gli teneva la sedia e
diceva: «Quello lassù . . . quello bello grosso . . . quello
bello grosso coperto con pelle».

Dissi allora, uscendo fuori: «Ma brava... ma bravi...
vi ho presi... bravi... e il professore che me l'aveva
detto e io che non ci credevo... bravissimi».

Avete mai visto un gatto se gli tirate addosso

---

ignorante, che non sa nulla
libreria, qui: mobile dove si tengono i libri
santarella, una che non è tanto buona come sembra

dell'acqua dalla finestra? Così lui, a sentir la mia voce, saltò giù e scappò via, lasciandomi solo con Tuda. Io, allora, glie*ne dissi tante e tante* che un'altra, per lo meno, sarebbe scoppiata a piangere. Ma sì, con le ciociare è un'altra cosa. Mi ascoltò a testa bassa, senza parlare; poi levò tranquilla gli occhi, e disse: «E chi gli ha rubato? I soldi che restano dalla spesa glieli riporto sempre tutti quanti… mica faccio come certe che fanno pagare ogni cosa il doppio».

«Disgraziata… e tu non rubi i libri?… E questo non si chiama rubare?».

«Ma ne ha tanti, lui, di libri».

«Tanti o pochi, tu non devi toccarli… e sta' attenta… perché se ti prendo un'altra volta, te ne torni al paese, diritta diritta». Lì per lì, dura, non volle darmi ragione né ammettere, neppure per un momento solo, di aver rubato. Ma qualche giorno dopo, eccola che entra in portineria, con un pacco sotto il braccio: «Eccoli, i libri del professore … ora glieli riporto e così non avrà più nulla da dire».

Le dissi che aveva fatto bene e pensai dentro di me che, dopo tutto, era una buona ragazza e che la colpa era tutta di Mario. Salii con lei in casa, per aiutarla a rimettere a posto i libri. Proprio in quel momento, mentre stavamo aprendo il pacco, ecco arriva il professore.

Dissi: «Professore… ecco i suoi libri… Tuda li ha ritrovati… li aveva prestati a un'amica per guardare le figure».

«Bene, bene … non parliamone più».

---

dirne tante e tante, trattare con parole molto dure

Così come era entrato, lui si gettò sui libri, ne prese uno, l'aprì e poi diede un grido:

«Ma questi non sono i miei libri».

«Come sarebbe a dire?».

«Erano libri di *archeologia*» continuò lui guardando nervoso anche gli altri *volumi* «e questi invece sono cinque volumi di legge».

Dissi a Tuda: «Ma si può sapere che hai fatto?».

Questa volta rispose con forza: «Cinque libri avevo preso... e cinque ne ho riportati... che volete da me? ... li ho pagati cari ... più di quanto mi avessero dato quando li ho venduti».

Il professore rimase così sorpreso che guardò me e Tuda a bocca aperta, senza dir parola. Lei continuò: «Guarda... hanno la stessa misura... e sono anche più belli... guarda... e anche il peso è lo stesso... me li hanno pesati... sono quattro chili e seicento... come quelli tuoi».

Questa volta il professore si mise a ridere, anche se con una punta di dolore: «Ma i libri non vanno a peso come la carne o il pane... ogni libro è diverso dall'altro... che me ne faccio di questi libri?... Non capisci?... Ogni libro raccoglie cose diverse... pensieri diversi...».

Prova a farglielo capire. Ripeté, dura: «Cinque erano e cinque sono... quattro chili erano e quattro sono... io non so nulla».

Insomma, il professore la rimandò in cucina, dicendole: «Va' a cucinare... basta... non voglio farmi cattivo sangue». Poi, quando se ne fu andata, disse:

---

archeologia, la scienza di tutto ciò che ha rapporto con gli usi, con le costruzioni e con l'arte degli antichi
volume, libro o parte di un'opera

«Mi dispiace ... è una cara figliola ... ma troppo *rustica*».

«L'ha voluta lei, professore».

«Riconosco le colpe», disse lui.

Tuda restò col professore ancora il tempo per cercarsi un altro posto. Lo trovò, come *sguattera,* in un ristorante del quartiere. Qualche volta viene a trovarci in portineria. Del fatto dei libri, non parliamo. Ma mi dice che sta imparando a leggere e a scrivere.

Domande

1. Che idea ha il professore delle contadine?

2. Corrisponde Tuda a ciò che il professore si era immaginato?

3. In quale modo Tuda assume le abitudini della città?

4. Con quale risultato?

---

rustico, di campagna
sguattero, chi aiuta nei bassi servizi di cucina, p.es. a lavare i piatti

LA PAURA

Venuta l'estate, siccome ero stato male durante la primavera, la mamma decise che sarei andato un mese in campagna. Lei ci aveva un fratello a Sant'Oreste, così gli scrisse chiedendogli se conoscesse da quelle parti un contadino disposto ad avere come ospite in casa sua un giovanotto *senza* troppe *pretese*. Mio zio rispose che il contadino c'era: uno che aveva casa e terreni quasi in montagna, fra gli alberi. Subito la mamma disse: «È quello che ci vuole per te: starai in famiglia, respirerai l'aria buona, tra quegli alberi così belli, mangerai, dormirai, diventerai grasso, vedrai che quando torni sei un altro». Io non avevo molto entusiasmo, a dire la verità: fuori del quartiere, lontano dal bar, dal cinema, dall'*osteria* sono un uomo morto, per così dire. Ma ero stato male sul serio e sapevo che non mi ero ancora rimesso e così alla fine decisi che ci sarei andato.

Decisi, però, per modo di dire. In realtà l'idea di andarmi a nascondere tra gli alberi non mi piaceva, volevo vedere se col tempo mi abituavo. E invece, col tempo, più ci pensavo e meno mi persuadevo. Intanto era arrivata una lettera di quel contadino che avrebbe dovuto *ospitarmi,* il quale si chiamava Tullio Tocci. Con certi caratteri che parevano disegni, questo Tocci mi diceva che mi aspettava senz'altro per la fine di luglio. E concludeva, dandomi del tu, da vero ignorante: «Che ci stai a fare a Roma? Vieni quassù. Vedrai come starai bene». Erano le stesse parole, su per giù, della

---

senza pretese, alla buona, semplice, che non chiede troppo
osteria, luogo pubblico dove si beve vino
ospitare, avere come ospite

mamma. Ma lei le diceva con l'amore della madre che è vero amore; in quelle parole ci sentivo invece un non so che di cattivo, come se quel Tocci volesse prendermi in giro. Misi da parte la lettera e neppure gli risposi.

Passarono i giorni, faceva caldo come fa caldo a Roma d'estate e io *menavo* la solita vita: mi alzavo tardi, scendevo al bar a discutere con gli amici le ultime dello

---

menare, condurre

sport, andavo al cinema, facevo qualche giro ad Ostia e nei Castelli. Verso la fine di luglio, ecco, arrivò un'altra lettera del Tocci. Questa volta lui mi informava che la moglie e la figlia *non vedevano l'ora* di vedermi lassù, che tutto era pronto per me, che mi sarei trovato tanto bene. E finiva con una frase poco chiara: «Ormai hai promesso e non puoi mancare di parola. Se non vieni,

---

non vedere l'ora di fare qlco., desiderarlo vivamente

te ne *pentirai.*» Queste ultime parole fecero sì che l'*anti-patia* che già provavo per questo Tocci diventasse ancora più forte. Dissi alla mamma che quella lettera non mi piaceva e che io non mi lasciavo minacciare da nessuno. Lei rispose che quello era un contadino ignorante e non sapeva esprimersi: certo aveva voluto dire che io mi sarei pentito se avessi buttato via l'occasione di andare lassù. Risposi che forse era così; ma, lo stesso, che ci andavo a fare in una famiglia come quella? A giudicare dalle lettere Tocci doveva essere un rustico più duro dei sassi della sua terra, la moglie una contadina di quelle che stanno tutto il giorno in cucina, la figlia una ragazza di campagna, ignorante come ci si può aspettare. In una simile famiglia, nonostante l'aria buona e gli alberi, mi sarei annoiato da morire. Ma la mamma rispose che, per rimettermi, proprio quella noia ci voleva per me.

Così, *dagli e dagli,* alla fine mi rassegnai e dissi alla mamma che sarei partito, questa volta sul serio, la prossima domenica. Era venerdì e lei subito andò in camera mia e cominciò a tirar fuori la roba per prepararmi la valigia. A me, questa fretta, fece venire un cattivo umore da non dirsi; mi pareva che la mamma volesse cacciarmi di casa per forza. Glielo dissi e poi mi arrabbiai e dopo averla accusata di volere la mia morte perché dal Tocci sarei morto di noia, me ne andai sbattendo la porta. Era sera, discesi al bar di Piazza Mastai e lì ci trovai i soliti amici. Loro vedendomi così strano, mi domandarono che avessi e io allora raccontai

---

pentirsi, provare dolore per aver fatto una cattiva azione
antipatia, sentimento che si prova di fronte a cose o a persone che non piacciono
dagli e dagli, prova e riprova

la cosa e mostrai anche le due lettere del Tocci. Allora uno di loro che si chiamava Luigi disse con tono cattivo: «Per me, Remo, tu non ci dovresti andare». «E perché?». «Perché questo Tocci, secondo me, è un tipo pericoloso». «Come sarebbe a dire?». «Sarebbe a dire che potrebbe essere un trucco». «Un trucco?». «Sì, lui ti fa andare a casa sua, poi lì ti ammazza per portarti via tutto quello che hai e ti seppellisce in giardino». Non ci avevo pensato, a dire la verità, ma tutto ad un tratto mi sembrò che questa spiegazione fosse quella vera. Luigi, senza saperlo, mi aveva spiegato il sentimento che suscitava in me quel Tocci, al quale sino ad ora non avevo saputo dare un nome: un sentimento di paura. Intanto Luigi continuava a descrivere, un po' per prendermi in giro e un po' sul serio, con un gran lusso di particolari, come avrebbe fatto il Tocci ad ammazzarmi; gli amici, divertiti da questa idea così nuova e così bella, morivano dal ridere. Ma io non ridevo; pensavo che tutto *coincideva:* le due lettere con quel tono che sembrava e forse era cattivo, la mia malattia che mi aveva fatto desiderare di passare un mese in campagna, la mamma che per amore voleva la mia morte, perfino Luigi che mi avvertiva del pericolo e io non lo ascoltavo, perché credevo mi volesse prendere in giro.

Adesso gli amici, vedendomi spaventato, mi prendevano in giro anche loro: «Aria buona, cucina semplice, vita di famiglia. Poi, una volta che sei diventato bello grasso, Tocci ti *fa la festa*». Così, tra questi scherzi, prima al bar, poi all'osteria, passò la serata. Ma io

---

coincidere, accadere insieme, nello stesso tempo o in circostanze simili
fare la festa, uccidere
serata, tutte le ore della sera

castagno

ormai ero spaventato; e anche il vino dei Castelli mi
restò sullo stomaco.

Mi ritirai tardi, saranno state le tre e subito cominciai a fare sogni terribili. Mi ricordo l'ultimo che
feci prima di svegliarmi. Mi pareva di essere davanti
alla casa di quel Tocci, dalle parti di Sant'Oreste. C'era
un albero, un *castagno,* i cui rami scendevano fino a
toccare la casa; e tra le foglie c'erano tante *castagne.*
Tutto ad un tratto cadeva una di quelle castagne e,
cadendo, sfuggiva via verso una piccola porta *a fior di
terra* la quale, come sapevo, portava alla *cantina.* Io
seguivo la castagna e la vedevo cadere giù per la
scala e, volendola prendere, scendevo anch'io in cantina.
Ma la castagna mi sfuggiva, rapida e brillante, e poi,
d'improvviso, alle mie spalle, la porta si chiudeva e io
mi trovavo al buio e non vedevo più niente e cominciavo
ad agitare le braccia per cercare la porta della cantina.
Mi era venuta una paura terribile perché ero chiuso sotto

---

castagna, il frutto del castagno
a fior di terra, in superficie del terreno
cantina, parte della casa sotto la superficie del terreno

terra ed ero solo e così cominciai ad urlare. Ma più urlavo e meno mi pareva di urlare e la voce, come mi usciva di bocca, non era più voce ma silenzio. Finalmente mi svegliai che urlavo davvero e cercavo di accendere la luce al capo del letto.

Qualcuno stava seduto in fondo al letto e mi guardava, un uomo che non conoscevo. Era tardi: dalla finestra entrava la luce del sole. Guardai quell'uomo e vidi che ci aveva la faccia del contadino, larga in basso, bruciata dal sole, secco e duro, gli occhi piccoli che brillavano sotto la fronte *calva*. Era vestito di nero, con la camicia senza collo. Disse: «Ahò, ti sei svegliato finalmente».

Balbettai: «Ma tu chi sei?».

E lui: «Sono Tocci. Ho suonato e siccome non veniva nessuno e la porta era aperta, sono entrato. Ma lo sai che è mezzogiorno? Ancora dormi a quest'ora?».

Pensai che la mamma era uscita per la spesa a aveva lasciato la porta aperta. Dissi: «Ma tu che vuoi? Chi ti ha chiamato?».

«Nessuno mi ha chiamato. Ci sono venuto. Allora ci vieni o non ci vieni lassù da me?».

Capivo adesso la ragione di quella visita. Ma dopo i discorsi della sera prima, il suo modo di insistere mi sembrò parlante. Gli dissi che aspettasse un momento; quindi mi alzai, mi lavai in fretta la faccia e mi vestii. Lui, intanto, mi guardava in silenzio, con gli occhi fissi e brillanti. Alla fine gli dissi: «Beh, adesso sono pronto. Andiamo giù a prendere un caffè e così parliamo».

---

calvo, senza capelli
balbettare, parlare pronunciando le parole ad una ad una con fatica

Scendemmo a Piazza Mastai e andammo a sederci al caffè, di fuori. Lui mi camminava accanto e vidi che era più basso di me, con le spalle larghe, le braccia lunghe e le gambe corte e *storte*. Una volta seduto, disse che voleva il vino. Gli risposi che al caffè il vino non lo davano; e lui si prese un vermouth che bevve tutto in una volta. Disse poi, pulendosi la bocca con la mano: «Ahò, che ti credi, che ti aspettiamo sempre noialtri? Ti devi decidere. Vieni o non vieni?».

Per guadagnar tempo, risposi: «Quelle lettere che mi hai scritto non erano chiare».

«E perché non erano chiare?».

«Non parlavi del *trattamento*».

Lui rise o almeno così mi parve e poi disse: «Il trattamento? Trattamento di famiglia, si capisce. Che può esserci meglio della famiglia? Starai come a casa tua, anzi meglio perché qui la roba la comprate nei negozi, che approfittano nel darvi la peggiore, e da noi invece ce l'abbiamo in casa».

«Ci fa fresco lassù?».

«Fresco? Altro che fresco. Sentirai che vento».

Lo guardai, mi pareva che volesse prendermi in giro. Ma no, era serio; soltanto gli occhi gli brillavano un po' troppo: «E la stanza?».

«Ti darò una stanza che neanche te la sogni, con un *letto a due piazze,* lo sai che sonni ci farai, non ti sveglierai mai più».

«Mai più?».

«Dico per dire».

«E il mangiare?».

---

storto, non diritto
trattamento, modo di trattare
letto a due piazze, letto per due

Lui, questa volta, si offese: «Guarda me, come ti pare che sto?».

Dissi che mi pareva che stesse bene. Lui disse: «Sto bene perché mangio bene. Certi piatti di pasta e fagioli... Mangerai, starai bene. Del resto non sei il primo. Anche l'anno scorso ci abbiamo avuto qualcuno, un romano pure lui».

«E chi era?».

«Che te ne importa di sapere chi era?».

«Beh, per una informazione».

«No, non te lo dico chi era», disse lui ad un tratto con decisione.

«E perché? Vuol dire che si è trovato male da te e tu non vuoi che lo sappia».

«Non vuol dire nulla. Ma il nome non te lo dico».

«E allora io non ci vengo».

Lui fece, a questa mia risposta, un gesto che pareva volesse minacciare. Si alzò in piedi e disse: «Hai promesso e ora hai da venire. Guarda, ci ho la moto laggiù», e indicò casa mia, dove infatti c'era una motocicletta appoggiata al muro, «ora sali sulla moto con me e io ti porto lassù».

«Ma tu sei scemo».

«Lo scemo sei tu, e anche delinquente». Così dicendo alzò una mano come per prendermi per il collo. Io allora lo *afferrai* al braccio e gli dissi duro: «Ma dove ti credi di essere, *burino?* In campagna, in mezzo alle tue bestie? Sei a Roma e io sono romano. Prova ancora a toccarmi e poi vedi se non ti faccio due occhi così».

Lui capì che aveva esagerato, disse non so che cosa e quindi si allontanò di corsa attraverso la piazza. Lo

afferrare, prendere con forza
burino, contadino

vidi salire sulla moto, e andarsene. Ancora pieno di paura, risalii a casa. Trovai la mamma in cucina, appena tornata dalla spesa. Subito le raccontai la storia della mia paura e del mio incontro con Tocci. Come finii, vidi che sorrideva: «Ti sei lasciato prendere dalla paura. Secondo me quel Tocci è un brav'uomo, soltanto un po' ignorante».

«Ma perché ci teneva tanto a che venissi da lui?».

«Beh, perché si guadagna con il prendere qualcuno a pensione».

«E perché non ha voluto dirmi il nome di quello dell'anno scorso?».

«Gli avrà fatto pagare meno che a te».

Così non andai più in campagna e feci la mia *vacanza* a Roma, tra Ostia e i Castelli. Ma durante tutta l'estate ogni volta che aprivo il giornale mi aspettavo di trovarci che Tocci aveva ammazzato un suo ospite. Non successe niente. Pure da allora mi è venuto l'orrore della campagna e dei luoghi deserti. E dico alla mamma, che mi prende in giro per la mia paura, che se non è questo anno sarà senz'altro il prossimo che Tocci, qualcuno, un giorno o l'altro, l'ammazzerà sul serio.

---

vacanza, tempo libero

Domande

1. Perché chi narra la storia non prova entusiasmo all'idea di andare in campagna?

2. Perché la sua antipatia per la campagna aumenta nel leggere la lettera del Tocci?

3. In quale modo viene provocata la sua paura?

4. Qual è l'idea fissa che si crea in lui del Tocci?

ROMOLO E REMO

La fame non è uguale ad alcun altro bisogno. Provatevi a dire ad alta voce: «Mi serve un paio di scarpe... mi serve un vestito», tacete un momento e poi dite: «Mi serve un pranzo», e sentirete subito la differenza. Per qualsiasi cosa potete pensarci su, cercare, scegliere, magari rinunciare, ma il momento che confessate a voi stessi che vi serve un pranzo, non avete più tempo da perdere. Dovete trovare il pranzo, se no morite di fame. Il cinque ottobre di quest'anno, a mezzogiorno, sedetti a piazza Colonna e dissi a me stesso: «Mi serve un pranzo». Da terra, dove guardavo durante questo mio pensiero, levai lo sguardo al traffico del Corso e me lo vidi ballare davanti agli occhi: non mangiavo da più di un giorno e, si sa, la prima cosa che succede quando si ha fame è di non vedere le cose ben ferme. Poi pensai che dovevo trovare questo pranzo, e pensai che se aspettavo ancora non avrei più avuto la forza neppure di pensarci, e cominciai a riflettere sulla maniera di trovarlo al più presto. Purtroppo quando si ha fretta non si pensa a nulla di buono. Le idee che mi venivano in mente non erano idee ma sogni: «Salgo in un autobus... rubo la borsa a un tale... scappo»; oppure: «Entro in un negozio, vado alla *cassa*, prendo i soldi e scappo». Mi venne quasi il *panico* e pensai: «Perduto per perduto, tanto vale che mi faccia prendere per aver offeso la forza pubblica... in prigione il piatto pieno me lo danno sempre». In quel momento un ragazzo accanto a me, ne chiamò un altro: «Romolo». Allora, a

---

cassa, luogo nei negozi dove si paga quello che si è comprato
panico, forte paura

quel nome, mi ricordai di un altro Romolo che era stato con me sotto le armi. Avevo avuto, allora, la infelice idea di raccontargli qualche bugia: che al paese stavo bene, mentre non sono nato in alcun paese ma presso Roma, a Prima Porta. Ma, adesso, quella bugia mi faceva comodo. Romolo aveva aperto una *trattoria* dalle parti del Pantheon. Ci sarei andato e avrei mangiato il pranzo di cui avevo bisogno. Poi, al momento del conto, avrei tirato fuori l'amicizia, la vita di soldato trascorsa insieme, i ricordi... Insomma, Romolo non mi avrebbe fatto portare in prigione per questo.

Per prima cosa andai alla *vetrina* di un negozio e mi guardai in uno specchio. Per caso, mi ero fatto la barba quella mattina usando il *rasoio* del padrone di casa. La camicia, senza essere proprio pulita, non era in così cattivo stato: soltanto quattro giorni che la portavo. Il vestito poi, grigio, era come nuovo: me l'aveva dato una buona signora il cui marito era stato mio capitano in guerra. La *cravatta,* invece, perdeva tutti i fili, una cravatta rossa che avrà avuto dieci anni. Rialzai il collo e accomodai la cravatta in modo che ora aveva una parte lunghissima e una parte corta. Nascosi la parte corta sotto quella lunga e chiusi la giacca fino al petto. Come mi mossi dallo specchio, forse per lo sforzo di attenzione con cui mi ero guardato, la testa mi girò e andai a sbattere contro una guardia che stava lì ferma all'angolo della strada. «Guarda dove vai», disse, «che sei *ubriaco?*». Avrei voluto rispondergli: «Sì, ubriaco di appetito». Con passo incerto mi diressi verso il Pantheon.

---

trattoria, modesto ristorante
vetrina e cravatta, vedi illustrazione pag. 50
rasoio, oggetto che si usa per farsi la barba
ubriaco, che ha bevuto troppo

vetrina

cravatta

Sapevo l'indirizzo, ma quando lo trovai non ci credevo. Era una porticina in fondo a un *vicolo* chiuso a due passi da quattro o cinque *pattumiere* piene. L'insegna di colore rosso vivo portava scritto: «Trattoria, cucina *casalinga»;* la vetrina, anch'essa dipinta di rosso, conteneva in tutto e per tutto una mela. Dico una mela e non è uno scherzo. Cominciai a capire ma ormai ero deciso ed entrai. Una volta dentro, capii tutto e la fame per un momento diventò così forte da farmi girare la

vicolo, piccola strada
pattumiera, grossa scatola dove si mette ciò che si butta via
casalingo, fatto in casa

testa. Però mi feci coraggio e andai a sedermi a uno qualsiasi dei quattro o cinque tavoli, nella stanzuccia deserta e scura.

Una stoffa sporca, dietro il banco, nascondeva la porta che dava sulla cucina. Picchiai con il pugno sul tavolo: «Cameriere!». Subito ci fu un movimento in cucina, la stoffa si alzò, apparve e scomparve una faccia in cui riconobbi l'amico Romolo. Aspettai un momento, picchiai di nuovo. Questa volta lui si precipitò fuori rimettendosi a posto in fretta una giacca bianca tutta sporca e senza forma. Mi venne incontro con un «comandi» pieno di attenzione e di speranza, che mi strinse il cuore. Ma ormai ero nel ballo e bisognava ballare. Dissi: «vorrei mangiare». Lui cominciò a ripulire il tavolo, poi si fermò e disse guardandomi: «Ma tu sei Remo...».

«Ah, mi riconosci», feci con un sorriso.

«E come se ti riconosco, non eravamo insieme sotto le armi? Non ci chiamavamo Romolo Remo e la Lupa per via di quella ragazza a cui facevamo la corte insieme?». Insomma: i ricordi. Si vedeva che lui tirava fuori i ricordi non perché avesse dell'affetto per me, ma perché ero un cliente. Anzi, visto che nella trattoria non c'era nessuno, *il* cliente. Di clienti doveva averne pochi e anche i ricordi potevano servire a farmi buona *accoglienza.*

Mi picchiò alla fine sulla spalla: «Vecchio Remo»; poi si voltò verso la cucina e chiamò: «Loreta». La stoffa si alzò e apparve una donnetta grassa in *grembiale,* con la faccia *scontenta.* Lui disse, indicandomi: «Questo è Remo di cui ti ho tanto parlato». Lei mi fece un mezzo

accoglienza, modo di accogliere
grembiale, vedi illustrazione pag. 52
scontento, non contento

grembiale

sorriso e mi salutò con un gesto; dietro di lei si fecero vedere i figli, un maschio e una bambina. Romolo continuò: «Bravo, bravo… ma proprio bravo». Ripeteva: «Bravo» come un *pappagallo:* era chiaro che aspettava che ordinassi il pranzo. Dissi: «Romolo, sono di passaggio a Roma… faccio l'agente di commercio… siccome dovevo mangiare in qualche luogo, ho pensato: «Perché non andrei a mangiare dall'amico Romolo?».

«Bravo» disse lui; «allora che facciamo di buono: spaghetti?».

«Si capisce».

«Spaghetti in bianco… ci vuole meno a farli e sono più leggeri … e poi che facciamo? Una buona *bistecca?*

Erano tutte cose semplici, avrei potuto cucinarle da me su un *fornello a spirito.* Dissi, per essere crudele: «*Abbacchio…* ne hai abbacchio?».

«Quanto mi dispiace… lo facciamo per la sera».

«E va bene… allora una bistecca con l'uovo sopra… alla Bismarck».

---

pappagallo, uccello che ripete le parole che sente
fornello a spirito, piccolo apparecchio che serve a cuocere del cibo semplice
abbacchio, piatto di carne particolarmente in uso a Roma e che costa molto

«Alla Bismarck, sicuro, con che cosa?».
«Con *insalata*».
«Sì, con insalata… e un *litro*, secco, no?».
«Secco».

Ripetendo: «Secco», se ne andò in cucina e mi lasciò solo al tavolino. La testa continuava a girarmi tanto ero debole, sentivo che facevo una gran cattiva azione; però, quasi quasi, mi faceva piacere compierla. La fame rende crudeli: Romolo era forse piú *affamato* di me e io, in fondo, ci avevo gusto. Intanto, in cucina, tutta la famiglia era a consiglio: udivo lui che parlava a bassa voce, con tono insistente, pieno di ansia; la moglie che rispondeva, scontenta. Finalmente la stoffa si rialzò e i due figli scapparono fuori, dirigendosi in fretta verso la porta. Capii che Romolo, forse, non aveva in trattoria neppure il pane. Nel momento che la stoffa si rialzò, vidi per un attimo la moglie in piedi davanti al fuoco quasi spento. Lui, poi, uscì dalla cucina e venne a sedersi davanti a me, al tavolino.

Veniva a tenermi compagnia per guadagnar tempo e permettere ai figli di tornare con la spesa. Sempre

---

affamato, che ha fame

per il desiderio di essere crudele, domandai: «Ti sei fatto un *localetto* proprio simpatico... beh, come va?».

Lui rispose, guardando a terra: «Bene, va bene... si capisce, c'è la crisi ... oggi, poi è lunedì .... ma di solito, qui non ci si può muovere, tanto è pieno».

«Ti sei messo a posto, eh».

Mi guardò prima di rispondere. Aveva la faccia grassa, proprio da *oste,* ma pallida, disperata e con la barba lunga. Disse: «Anche tu ti sei messo a posto».

Risposi, contro voglia: «Non posso lamentarmi... le mie cento, centocinquantamila lire al mese le faccio sempre... lavoro duro, però».

«Mai come il nostro».

«Eh, che sarà... voialtri osti potete star tranquilli: la gente può fare a meno di tutto ma mangiare deve... sono sicuro che ci hai anche i soldi da parte».

Questa volta tacque, limitandosi a sorridere: un sorriso pieno di pena, che mi fece pietà. Disse finalmente, come raccomandandosi: «Vecchio Remo... ti ricordi di quando eravamo insieme a Gaeta?». Insomma, voleva i ricordi perché si vergognava di mentire e anche perché, forse, quello era stato il momento migliore della sua vita. Questa volta mi fece troppa pena e volli farlo contento dicendogli che ricordavo. Subito *si rianimò* e prese a parlare, dandomi ogni tanto delle *manate* sulle spalle, perfino ridendo. Rientrò il maschio reggendo con le due mani, in punta dei piedi, un litro pieno. Romolo mi versò da bere e versò anche a se stesso, appena l'ebbi invitato. Col vino la parola gli uscì ancora più facile, si

---

localetto, piccolo locale, qui piccolo ristorante
oste, padrone d'osteria, di ristorante e simile
rianimarsi, riprendere animo
manata, colpo dato con la mano

vede che anche lui era *digiuno*. Così parlando e bevendo, passarono venti minuti, e poi, come in sogno, vidi rientrare anche la bambina. Poverina: reggeva con le braccia magre, contro il petto, un pacco in cui c'era un po' di tutto: il pacchetto giallo della carne, quello dell'uovo in carta di giornale, il pane, il *mazzo* verde dell'insalata e, così mi parve, anche la bottiglietta dell'olio. Andò dritta in cucina, seria, contenta; e Romolo, mentre passava, si spostò sulla sedia in modo da nasconderla. Quindi si versò da bere e ricominciò coi ricordi. Intanto, in cucina, sentivo che la madre diceva non so che alla figlia, e la figlia si scusava, rispondendo piano: «Non ha voluto darmene di meno». Insomma: miseria, completa, assoluta, quasi quasi peggio della mia.

Ma avevo fame e, quando la bambina mi portò il piatto degli spaghetti, mi ci buttai sopra senza pensarci; anzi la sensazione di *mangiare alle spalle di* gente povera quanto me, mi diede maggior appetito. Romolo mi guardava mangiare quasi con invidia, e non potei fare a meno di pensare che anche lui, quegli spaghetti, doveva permetterseli raramente. «Vuoi provarli?», proposi. Mosse la testa come per rifiutare, ma io ne raccolsi un po' dal piatto e glieli cacciai in bocca. Disse: «Sono buoni, non c'è che dire», come parlando a se stesso.

Dopo gli spaghetti la bambina mi portò la carne con l'uovo sopra e l'insalata, e Romolo, forse vergognandosi di stare a guardare tutto quello che mettevo in bocca, tornò in cucina. Mangiai solo, e, mangiando, mi accorsi che ero quasi ubriaco dal mangiare. Eh, quanto è bello mangiare quando si ha fame. Mi cacciavo in bocca un

---

digiuno, è digiuno chi non mangia da tempo
mazzo, insieme di più oggetti, qui la testa d'insalata
mangiare alle spalle di qlcu., mangiare a spesa di qlcu.

pezzo di pane, ci versavo sopra del vino e mandavo giù. Erano anni che non mangiavo tanto di gusto.

La bambina mi portò la frutta e quando ebbi finito di mangiare, mi misi comodo sulla sedia e tutta la famiglia uscì dalla cucina e venne a mettersi in piedi davanti a me, guardandomi come un oggetto prezioso. Romolo, forse per via che aveva bevuto, adesso era allegro e raccontava non so che avventura di donne di quando eravamo sotto le armi. Invece la moglie, il viso sporco di fumo, era proprio triste. Guardai i bambini: erano pallidi, magri, gli occhi più grandi della testa. Mi venne ad un tratto pietà e insieme un senso di colpa. Tanto più che la moglie disse: «Eh, di clienti come lei, ce ne vorrebbero almeno quattro o cinque alla volta... allora sì che potremmo respirare».

«Perché?» domandai come se non capissi, «non viene gente?».

«Qualcuno viene» disse lei «soprattutto la sera... ma povera gente: portano con sé la roba da mangiare, ordinano il vino, poca roba, un quarto... la mattina, poi, non accendo neppure il fuoco, tanto non viene nessuno».

Non so perché queste parole diedero sui nervi a Romolo. Disse: «Aho, finiscila di lamentarti... mi porti *iettatura*.

La moglie rispose subito: «La iettatura la porti tu a noi... sei tu lo *iettatore*... tra me che lavoro e mi do da fare tutto il santo giorno e tu che non fai niente e passi il tempo a ricordarti di quando eri soldato, lo iettatore chi è?».

---

iettatura, disgrazia che si crede provocata dallo sguardo cattivo di certe persone
iettatore, chi con il suo sguardo porterebbe disgrazia

Tutto questo se lo dicevano mentre io, con la testa pesante per il cibo e il vino, pensavo alla miglior maniera per sfuggire il conto. Poi, per mia fortuna, ci fu uno *scatto* da parte di Romolo: alzò la mano e picchiò la moglie. Lei non esitò: corse alla cucina, ne uscì con un *coltello* lungo e *tagliente*. Gridava: «Ti ammazzo» e

coltello

gli corse incontro, il coltello alzato. Lui, spaventato, scappò per la trattoria, facendo cadere tavoli e sedie. La bambina intanto s'era messa a piangere; il maschietto era andato anche lui in cucina e adesso tornava armato di *mattarello,* non so se per difendere la madre o il padre. Capii che il momento era questo o mai più. Mi alzai dicendo: «Calma, via... calma, calma»; e ripetendo: «Calma, calma» mi ritrovai fuori della trattoria, nella strada. Di buon passo arrivai all'angolo, voltai; a piazza del Pantheon ripresi il passo normale e mi avviai verso il Corso.

mattarello

---

scatto, gesto improvviso
tagliente, che taglia bene

Domande

1. In quali condizioni si trova Remo?

2. In quale modo pensa di togliersi la fame?

3. Com'è la trattoria di Romolo?

4. Come si comportano i due vecchi amici al loro incontro?

5. Quale conseguenza porta la visita di Remo in trattoria?

| ruota | sportello | gomma a terra |

MAMMAROLO

La prima *gomma a terra* non la misi già io ma il destino che, per così dire, mi *forzò la mano* prendendomi di sorpresa. Disoccupato, al solito, scendevo un pomeriggio verso l'*Acqua Acetosa,* giù per viale Parioli, quando notai una macchina ferma in una strada di poco traffico.

---

mammarolo, chi è troppo attaccato alla mamma
forzare la mano, costringere
Acqua Acetosa, zona di Roma nota per i suoi campi sportivi

La notai perché ho la passione delle macchine: una fuoriserie, una macchina da corsa, un'automobile straniera mi lasciano lì pieno di meraviglia qualche volta anche più di un'ora, a guardarle e studiarle pezzo per pezzo. Questa era una macchina sportiva, lunga, rosso fuoco. Colpito dalla potenza di questa macchina, mi avvicinai e la prima cosa che vidi fu che aveva una gomma a terra. Pensai: «Questa sì che potrebbe essere una fortuna: la gomma a terra. Un altro al mio posto potrebbe approfittarne». Proprio in quel momento, da uno di quei palazzi, esce un giovanotto grasso, apre lo *sportello,* sale con decisione. Mi affacciai allora, mosso da simpatia, e glielo dissi: «Ehi, pss, pss, la gomma è a terra». Lui scese subito, andò a guardare, mi disse qualche cosa in lingua straniera che forse era un grazie e quindi cominciò a darsi da fare per cambiare la *ruota.* Ero rimasto presso lo sportello aperto e per caso l'occhio mi cadde su una *macchina fotografica* abbandonata sul *sedile.* Prenderla e allontanarmi fu una cosa sola; lui era occupato a togliere la ruota, laggiù, all'altro capo di quella macchina tanto lunga e non mi vide. Pensai, però, fuggendo: «Ah, dunque questo è il colpo della gomma a terra».

Ora dovevo nascondere la *refurtiva.* Decisi di portare la macchina fotografica a casa mia e di nasconderla nel

macchina fotografica

sportello e *ruota,* vedi illustrazione pag. 59
sedile, posto da sedere nell'automobile
refurtiva, quello che è stato rubato

letto. Abitavo dalle parti di via Giulia, vivendo solo con mia madre che era *vedova* da tempo e, per vivere, faceva del suo meglio, poveretta, con la *borsa nera* delle sigarette. Come entrai nel nostro appartamento scuro e *puzzolente,* dalla cucina lei mi vide col suo *occhio acuto,* che correvo a chiudermi in camera, nascondendo qualche cosa, ma non disse nulla. Più tardi, però, mentre mangiavo, ecco, si presenta con la macchina fotografica in mano. Previdi quella scena e guardai giù, sul piatto, senza sapere cosa dire. Ma quando si dice una madre. Un altro chi sa che scena avrebbe fatto: «E dove l'hai trovata? E come? E perché?». Lei, invece, da vera madre, non fece altro che dirmi, con voce tranquilla: «Tu, la roba, è inutile che la nascondi, dàlla a me. Il *nascondiglio* può sempre tradirti, tua madre mai». Detto questo se ne andò in camera sua, che mi sembra ancora di vederla come se fosse adesso: bassa, vestita di nero, la testa grossa e grigia piegata da una parte; e pose la macchina nel *cassettone,* ripetendo: «Tua madre

cassettone

---

vedova, donna cui è morto il marito
borsa nera, mercato nero
puzzolente, pieno di cattivi odori
occhio acuto, che vede le cose a fondo
nascondiglio, luogo dove si nasconde qualcosa

ti vuol bene, nessuno può volerti bene come tua madre».
Ci rimasi male, lo confesso, e non tanto per la macchina
quanto perché mi sentivo accusare dal tono delle sue
parole: come avevo potuto pensare che mia madre non
mi capisse e non mi perdonasse? Questo, dunque, fu il
modo con cui iniziai; e da allora, ogni volta che feci il
colpo, portai la roba a lei; e lei, oltre a tenermela
nascosta, si occupava anche di venderla perché era
molto svelta e conosceva molta gente e sapeva il valore
degli oggetti meglio del *Monte di Pietà*.

Ci ero attaccato a mia madre, con tutto che avessi
ormai quasi trent'anni; quel fatto della macchina fotografica mi ci fece attaccare il doppio. Eh, se ne dicono
tante sui figli e sulle madri; e a Roma i figli come me
si chiamano mammaroli, per prenderli in giro; ma quelli
che prendono in giro hanno torto. La madre e il figlio
sono fatti l'uno per l'altro meglio e più della moglie
per il marito, del fratello per il fratello, dell'amico per
l'amico. Il figlio non ha bisogno di parlare: la madre che
l'ha messo al mondo e l'ha visto crescere, lo capisce
con una sola occhiata e in silenzio provvede; come, in
silenzio, il figlio riceve, tanto lo sa che tra lui e la madre
le parole sono inutili. E per una madre il figlio è intelli-
gente, bello, è buono, è forte, anche se non lo è, anche
quando il mondo intero pensa il contrario. Senza con-
tare poi che la madre continua a vedere nel figlio il
bambino, anche se è calvo e con tanto di barba; e
questa è una gran bella cosa perché gli uomini non si
rendono conto di essere diventati uomini e, se potessero,
volentieri ci farebbero il patto a restare bambini. Ma

Monte di Pietà, luogo dove si portano oggetti di valore per avere
soldi in prestito

soprattutto, la madre, per quell'amore che gli porta, dà ragione al figlio contro il mondo intero, fosse pure lui, come era il caso mio, un *ladro;* perché lei è la sola che lo comprenda e sappia perché ha rubato; e, sapendolo, l'aiuti a mantenersi sicuro e senza *pentimenti.* Queste cose e tante altre io le sentivo al momento stesso che, dopo aver dato tutto il giorno la caccia alle automobili, rientravo la sera dentro casa mia. Era come rimettere i piedi dentro le *pantofole* scendendo dal letto: davo la roba a lei che andava subito a chiuderla nel cassettone, andavo in cucina, lei mi posava davanti, sulla tavola, il piatto e io mangiavo e lei mi guardava. Quasi non parlavamo, come gli animali ci intendévamo a occhiate.

Naturalmente, tra mia madre e la caccia alle automobili, non trovavo il tempo per le donne. Non mi dicevano niente le donne e, forse forse, anche le temevo, perché, essendo *affettuoso* per natura, mi rendevo conto che prima di trovare quella che facesse per me e mi desse l'affetto di cui avevo bisogno, avrei dovuto provarne non so quante. Ora ci avevo mia madre che l'affetto me lo dava senza prove, direttamente; perché avrei dovuto crearmi problemi con le donne? Ma si sa, quando le donne uno non le cerca, è la volta allora che esse cercano lui. Non tanto lontano da casa mia, in corso Vittorio, c'era una *merceria* avviata che apparteneva a due vecchi. Tardi, questi due vecchi avevano avuto una figlia, Gesuina, e forse per questo lei era riuscita bruttina,

---

ladro, colui che ruba
pentimento, quello che si prova dopo che si è fatto qualcosa di cui non si è contenti
pantofole, scarpe da casa
affettuoso, portato all'affetto
merceria, negozio dove si vendono aghi, fili, bottoni e simili

zoppetta e senza salute. Mia madre che era amica alla madre di Gesuina dal tempo che erano ragazze e capitava spesso al negozio anche per i suoi piccoli commerci, naturalmente metteva spesso il discorso su di me; così che i due vecchi mi guardavano con favore, come un figlio tanto buono che, però, non aveva fortuna e non trovava lavoro; Gesuina, invece, mi sembrava sempre un poco chiusa. Ora, un giorno che passavo davanti al negozio, ci entrai per comprare un *ago* e un po' di filo: mi si stava staccando un *bottone*. Gesuina era sola e mi disse: «Te l'attacco io il bottone». Quindi, mentre prendeva ago e filo, disse, calma, che mia madre non era poi quella madre che avrebbe dovuto essere dal momento che mi mandava in giro con i bottoni che si staccavano. Colpito, risposi che di donne come mia madre ce n'erano poche, anzi nessuna in tutta Roma; e lei rispose: «Forse per certe cose sì, ma non per i bottoni». Capii che lei sapeva ma non dissi nulla; lei mi venne vicino, mi prese la giacca tra le mani e aggiunse piano: «Ma non ti accorgi, Gigi, che quello che fai è male?». Risposi, arrabbiato: «Male, che è questo male? Non conosco altro male *fuorché* quello che fa male a me».

Ma ormai ci ero *cascato;* e ritornai al negozio perché mi piaceva guardarla mentre *arrancava* dietro il banco

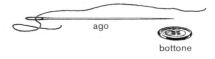

ago

bottone

---

zoppo, con una gamba più lunga dell'altra
fuorché, fuori che
cascare, cadere
arrancare, camminare dello zoppo

con la gamba più corta e tirava giù la roba dalle scatole troppo alte per lei; oppure, dolce e precisa, faceva a occhi bassi i conti della giornata. Lei se ne accorse certamente che mi piaceva; e continuò come aveva cominciato: imponendosi a me con la *morale*. Finì che, essendo l'estate, cominciammo a vederci di fuori, dopo che il negozio chiudeva. Camminavamo parlando del più e del meno; e io provavo non so che vedendomela accanto, la mano sul mio braccio, mentre trascinava la gamba corta e tendeva verso di me, per parlarmi, il viso pallido, nascosto dall'ombra dei capelli neri e leggeri. Non era amore, forse, ma qualche cosa in cui entrava un po' di tutto: pena per lei, rispetto, desiderio di sistemarmi, novità di una donna che mi dimostrava lo stesso affetto che finora avevo pensato che soltanto mia madre potesse avere per me.

Ne parlai a mia madre, è chiaro, non avevo segreti per lei. Le dissi che Gesuina sapeva tutto e mi condannava; che mi voleva bene, però; che mi aveva proposto di entrare nel negozio con lei, al posto dei genitori ormai troppo vecchi; che anch'io, forse forse, volevo bene a Gesuina. Man mano che parlavo vedevo sul viso di mia madre un'espressione che mi faceva pena; come se, tutto ad un tratto, qualcuno le avesse detto che lei non era vestita ma nuda e lei si fosse accorta che era vero e non avesse avuto niente con cui coprirsi. Il vestito finora era stato l'amore che io provavo per lei e lei provava per me; e adesso Gesuina con la sua morale glielo aveva strappato e lei sentiva che Gesuina ci aveva ragione e per la prima volta si giudicava e, soprattutto, temeva che io la giudicassi. Disse, però, alla fine con

---

la morale, il senso di ciò che è giusto e onesto

gli occhi bassi: «Figlio d'oro, tu lo sai, per me fai bene tutto quello che fai... se sei contento tu, sono contenta anch'io». Adesso, non so perché, avrei voluto che anche lei mi dicesse, come Gesuina: «Quello che fai è male, devi cambiare vita, devi sistemarti»; ma capii che sarebbe stato chiederle troppo; sarebbe stato come farle ammettere che lei non era stata una buona madre perché mi aveva favorito invece di condannarmi. Finì dunque anche quella in silenzio, come tutte le nostre serate.

Così mi fidanzai, e non pensai più alle automobili, e, non so come, mi ritrovai insieme con Gesuina, dietro il banco della merceria. Volevo bene a Gesuina e cercavo di convincermi tutto il tempo che era meglio assai vendere bottoni e filò che mettere le gomme a terra alle macchine abbandonate. Ma non ero convinto; e spesso *mi incantavo* dietro il banco del negozietto buio, a guardare alla strada, di fuori, *rimpiangendo* i giorni di una volta, la vita sulla strada, lo scappa e fuggi dopo il colpo, l'arrivo a casa con la roba e il silenzio di mia madre, senza morale e senza consigli, tutto affetto e *comprensione*. Insomma, mi annoiavo.

Il negozio chiudeva all'una e riapriva alle quattro. Uno di quei giorni, verso le due, presi, senza pensarci, per il lungotevere Flaminio, con l'intenzione di fare quattro passi e riflettere ai casi miei. Era l'ottobre romano, tutto sole e azzurro; nessuno per le strade, tutti a pranzo; e le automobili ferme davanti alle case. Ecco, davanti uno di quei palazzi, una macchina qualsiasi, di serie, che, però, fermò la mia attenzione: ci aveva la gomma a terra, come quella con la quale avevo cominciato. Mi avvicinai, così, senza intenzione; e appunto in quel momento uscì dal palazzo il *proprietario* un tipo calvo e rosso in faccia, la sigaretta in bocca, ben nutrito, proprio il signore che, dopo pranzo, va a prendere un po' d'aria prima di recarsi in ufficio. D'improvviso, come quell'altra volta, per simpatia, sentii il desiderio di avvertirlo: «Ehi, lei, ci ha la gomma a terra».

Ma nello stesso momento guardai dentro la macchina,

---

incantarsi, perdersi nei propri pensieri
rimpiangere, desiderare qualcosa che non c'è più
comprensione, l'atto di comprendere
proprietario, padrone

vidi una bella borsa di pelle sul sedile e mi sorpresi a pensare: «Ora la prendo e la porto a mia madre e da Gesuina non ci torno affatto e non c'è che mia madre che può capirmi e ricomincio la vita con mia madre». Ero così preso da questo pensiero che non mi ero accorto che quel tipo, intanto, mi si era avvicinato, minacciando: «Fuori lo *spuntone*». Rimasi lì senza parole: «Ma quale spuntone?». «Lo spuntone, il ferro col quale mi hai messo la gomma a terra». «Ma lei è scemo...». «No, caro mio, lo scemo sei tu. Ti piaceva, eh, la mia borsa. Su, poche storie, fuori il ferro». Gli dissi: «Guardi come parla»; e allora lui mi prese per il collo e disse fra i denti, senza togliersi la sigaretta di bocca: «Ringrazia il cielo che non sono cattivo. E adesso cambiami la ruota se non vuoi che chiami la guardia». Insomma, lasciai correre; e per una volta, dopo tante gomme a terra, mi toccò mettere la gomma buona sostituendola con quella che non avevo messo a terra. Mi *sporcai* le mani e il vestito; lui intanto guardava il mio lavoro. Finito che ebbi, risalì dicendo: «Bravo, la prossima volta, però, la ruota vai a cambiarla a *Regina Coeli*».

Tornai al negozio che era già tardi e Gesuina che si muoveva dietro il banco per tirar giù della roba a un cliente, mi diede una sola occhiata, e io capii che lei, forse aveva capito. Quella stessa sera, quando tornai a casa, dissi a mia madre che ormai era deciso: mi sarei sposato entro il mese. Lei mi abbracciò, veramente contenta, poveretta, le lacrime agli occhi.

---

spuntone, ferro a punta
sporcare, rendere sporco
Regina Coeli, prigione di Roma

E io, dentro di me, mi dissi ancora una volta che la madre è tutto e non c'è al mondo che la madre.

Domande

1. Perché il giovane della storia viene chiamato mammarolo?

2. Come è sua madre?

3. Quale rapporto ha il giovane con Gesuina?

4. Perché vuole lasciarla?

5. Come mai torna ancora da lei alla fine?

IMPATACCATO

Era venerdì diciassette, ma non ci feci caso. Appena vestito, presi le cinquantamila che dovevo ad Ottavio, tutte in biglietti da cinque, le cacciai in tasca, e uscii di casa. Le cinquantamila lire erano la parte di Ottavio per un *affaruccio* di *gioielli* falsi che avevamo fatto insieme e io ero già in ritardo di una settimana. Aspettando l'autobus mi venne rabbia al pensiero di dovergli dare quei soldi che avrebbero invece fatto tanto comodo a me. Lui non aveva rischiato nulla; si era limitato a fornirmi la *merce;* io, invece, avevo fatto tutta la fatica, esponendomi per di più al pericolo della prigione. Fossi stato preso sul fatto, non avrei certo fatto il suo nome e sarei andato in prigione; mentre lui sarebbe rimasto nel suo negozietto a lavorare. Questo pensiero non mi dava pace; e, salendo in autobus, mi venne addirittura l'idea di non dargli niente. Ma voleva dire non poter più ricorrere a lui; voleva dire cercarmi un altro Ottavio, forse peggiore di questo. E poi, per un uomo di coscienza come me, voleva anche dire mancare di parola; sarebbe stata la prima volta che lo facevo in vita mia. Tuttavia quei denari proprio mi dispiaceva darglieli. Tenevo la mano in tasca e ogni tanto me li

gioielli

---

impataccato, chi acquista la patacca, cioè un oggetto senza valore pagato caro
affaruccio, affare non onesto
merce, oggetti, qui ciò che è stato rubato

toccavo con piacere. Erano sempre cinquantamila lire, e quando gliele avessi date, avrei fatto il mio dovere ma avrei avuto cinquantamila lire di meno.

Mentre così riflettevo tristemente, mi sentii toccare il braccio: «Attilio, non mi riconosci?». Era Cesare, un disperato numero uno, che avevo conosciuto nel *dopoguerra,* ai tempi della borsa nera delle sigarette. Doveva essere rimasto al *punto di partenza,* più disperato che mai: aveva una giacca ormai senza colore, chiusa fino al *mento* ma non tanto che non si vedesse il collo nudo, senza cravatta né *colletto.* A testa scoperta, coi capelli in disordine che mi parvero pieni della polvere che si raccoglie dormendo nelle *baracche:* dico la verità, faceva paura. Risposi: «Cesare, che fai?». Disse: «Scendiamo un momento, dovrei parlarti».

Non so perché, mi nacque, a queste parole, la speranza di trovare il modo di rifarmi di quei denari che dovevo a Ottavio. Gli feci segno che andava bene e mi avviai verso la porta. L'autobus si fermò e noi scendemmo: eravamo alla stazione, davanti ai *giardinetti,* dalla parte di via Volturno.

Cesare mi portò in un punto *solitario;* qui si fermò e disse a bassa voce: «Avresti mille?». «Mille che cosa?». «Mille lire... sono due giorni che non mangio». Risposi: «Bravo, capiti proprio bene... stavo appunto pensando

---

dopoguerra, periodo dopo una guerra
punto di partenza, punto da cui ha inizio un'azione, una ricerca, un discorso ecc.
mento, parte inferiore del viso, sotto la bocca
colletto, parte della camicia chiusa sul collo
baracca, casa molto povera, generalmente di legno
giardinetti, giardini pubblici
solitario, dove non c'è gente

alla maniera migliore di spendere mille lire». Lui capì subito e disse: «Allora, se non vuoi prestarmele... almeno aiutami». Gli domandai che specie di aiuto desiderasse; e lui: «Guarda un po' qui». Guardai e vidi che teneva in mano una *moneta dorata,* sporca di terra e con una figura di donna nel mezzo. «Aiutami a vendere questa moneta romana e poi faremo a mezzo». Lo guardai e poi non potei fare a meno di scoppiare a ridere, non sapevo neppure io perché: *«Pataccaro...* pataccaro... sei finito pataccaro... oh, oh, oh,... pataccaro». Più ripetevo «pataccaro» e più ridevo; lui intanto mi guardava, più brutto che mai, la moneta in mano. Disse finalmente: «Si può sapere perché ridi?». Risi ancora un bel po' e poi risposi: «Non se ne parla neppure». «Perché?». «Perché, caro mio, anche i bambini ormai conoscono le *patacche...* è passato il tempo delle patacche». Colpito dalle mie parole, si rimise la moneta in tasca, dicendo: «Allora, almeno prestami duecento lire».

In quel momento, mi ricordai ancora di Ottavio e del denaro che dovevo dargli, e mi tornò la speranza di *rifarmi.* Dopo tutto, ogni giorno, si può dire, si leggeva nei giornali di gente che ci cadeva, nel trucco della patacca. Perché non dovevamo riuscirci proprio noi? Dissi a Cesare: «Guarda, mi fai pena... voglio aiutarti... ma a un patto... caso mai ti prendono, tu non mi conosci... sono davvero un signore a cui piacciono le monete romane... ci ho anche i soldi... guarda».

---

moneta, soldo
dorato, color dell'oro
pataccaro, chi vende le patacche
patacca, oggetto senza valore pagato caro
rifarsi, riguadagnare i soldi perduti

Forse per vanità, levai di tasca il pacchetto dei biglietti e glielo misi sotto il naso. «Ci ho i soldi e tu, in tutti i casi, sei un delinquente e io colui che avrebbe potuto essere *imbrogliato*... intesi?». Lui disse subito, con entusiasmo: «Intesi». Continuai, ormai sicuro di me: «Vediamo, intanto, di metterci d'accordo... che prezzo vogliamo fissare?».

«Trentamila».

«No, trentamila sono poche... sessantamila almeno... e di queste, quarantamila le prendo io e venti tu... va bene?».

«Veramente, avevamo detto la metà».

«Allora non se ne fa nulla».

«Ventimila, va bene».

«Vediamo adesso come la presentiamo» continuai; «tu sei un *manovale*... lavoravi qui, alla costruzione della stazione nuova... hai trovato la moneta e l'hai nascosta... siamo intesi?».

«Intesi».

«E quanto alla moneta: io intervengo e dichiaro che è un pezzo di gran valore... bisogna trovare, però, il nome di un *imperatore* romano... chi diciamo?».

«Nerone».

«No, Nerone no... lo vedi come sei ignorante... Nerone, a Roma, chi non lo conosce?... è il primo che viene in mente... un altro».

Cesare stette un po' a pensare e poi disse: «Non conosco che Nerone, gli altri non li conosco».

«E invece» dissi «sono stati tanti... almeno un centi-

---

imbrogliare, far credere ciò che non è vero, ingannare
manovale, operaio che compie lavori di fatica
imperatore, titolo dato dai Romani al capo dello Stato

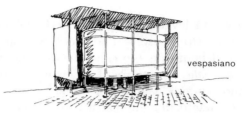

vespasiano

naio... Vespasiano, per esempio, quello dei *vespasiani,* non lo conosci?».

«Ah, sì, Vespasiano».

«Ma Vespasiano non va bene... potrebbe far ridere... vediamo piuttosto che c'è scritto sulla tua moneta... dammela un po'».

Lui me la diede e io la guardai: c'erano delle lettere ma confuse, e non si capiva nulla. Dissi, con un'idea improvvisa: «Caracalla... quello delle *terme*... hai capito? Caracalla».

«Sì, Caracalla».

«Allora» conclusi «noi facciamo così... ci separiamo, pur restando non tanto lontani l'uno dall'altro... il tipo lo cerco io... quando mi senti *tossire* vuol dire che è lui e gli vai incontro... va bene?».

«Non *dubitare*».

Così ci separammo: Cesare prese a camminare in su e in giù per i giardinetti; e io mi misi a osservare la gente che passava sulla strada. In quel luogo, come sapevo, capitavano, venendo dalla stazione, tutti i provinciali dei luoghi intorno a Roma, gente rustica e ignorante, ma con le tasche piene di soldi. Gente che crede di

---

le terme, presso gli antichi Romani ampia costruzione pubblica usata per bagni

tossire, suono che si fa in gola per avvertire qualcuno oppure perché è provocato da fumo

dubitare, essere in dubbio

essere *furba;* e non dico che al suo paese non lo sia, ma a Roma passano per i più *ingenui.* Ne vidi parecchi, quali con pacchi e valige, quali soli, quali con le donne; ma per un motivo o per l'altro, non andavano mai bene. Intanto, per passare il tempo, levai fuori una sigaretta e l'accesi. Non so perché, il fumo mi andò di traverso e tossii. Subito, quello stupido di Cesare si avvicinò deciso a un giovanotto biondo che da qualche momento andava avanti e indietro sotto gli alberi, e lo toccò al braccio. La scena era stata così rapida che non feci in tempo a intervenire.

Mentre Cesare parlava, *esaminai* il giovanotto. Era piccolo e vestito da contadino... Aveva il viso bianco, lungo, *baffetti* biondi, *testa rapata.* Pareva furbo; ma, per fortuna, pareva anche rustico. Ascoltava Cesare con curiosità, forse con interesse. Finalmente, Cesare mise la mano in tasca e levò fuori la moneta. Oramai era giunto il mio momento, e capii che non potevo più tirarmi indietro.

Il giovanotto guardava la moneta, girandola da tutti i lati, Cesare gli parlava. Mi avvicinai e dissi con tono sicuro: «Scusate se intervengo... Quella non è forse una moneta romana?».

Cesare mi guardò, sorpreso. Il giovanotto disse *a fior di labbra:* «Pare».

Dissi: «Permettete che la guardi... me ne intendo... sono *antiquario...* permettete». Il giovanotto mi porse

---

furbo, chi sa fare il proprio vantaggio
ingenuo, chi ha troppa fiducia negli altri
esaminare, guardare attentamente
baffetti, peli che crescono tra il naso e la bocca dell'uomo
testa rapata, con i capelli cortissimi
a fior di labbra, piano, piano, che si sente appena
antiquario, colui che vende oggetti antichi

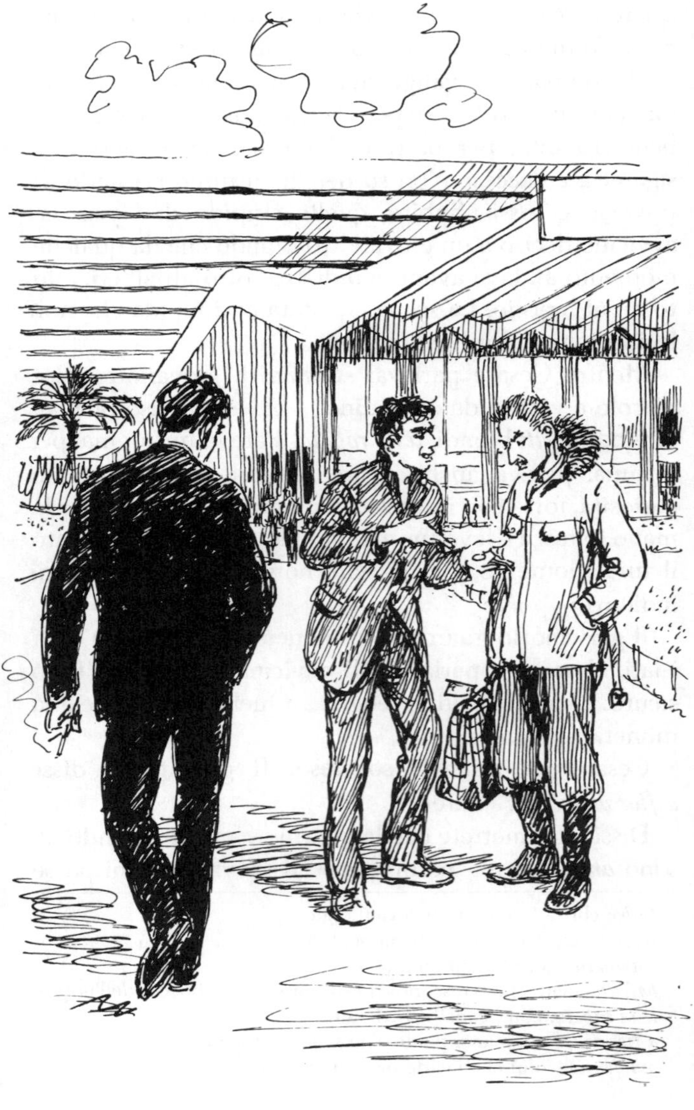

la moneta e io l'esaminai a lungo, fingendo curiosità.
Poi mi voltai verso Cesare e gli domandai, serio: «Ma tu,
come l'hai avuta?».

Bisogna dire che Cesare, così malvestito e sporco,
faceva bene la sua parte. Fece, in tono di scusa: «Che
volete che vi dica?... sono un poveretto».

«Via» dissi «non aver paura... mica sono un poli-
ziotto in borghese... con me puoi parlare. Come l'hai
avuta?».

«Sono manovale», rispose Cesare: «l'ho trovata qui,
durante i lavori della nuova stazione... forse voi potete
dirmi quanto vale».

«Valere, vale di certo... è una moneta dell'imperatore
Caracalla».

«Ecco, bravo, Caracalla» disse Cesare: «qualcuno mi
aveva fatto questo nome».

Era giunto il momento più difficile. Deciso, domandai: «Quanto?».

«Quanto che cosa?».

«Quanto vuoi?».

«Datemi sessantamila lire».

Era la cifra fissata fra noi, ma uno meno stupido di
Cesare, avrebbe preparato il colpo, magari rispondendo:
«Fate un po' voi». Dissi, tuttavia, sempre in tono deciso,
come chi non vuol lasciarsi sfuggire l'occasione: «Te ne
do cinquantamila... va bene?».

Guardavo intanto il giovanotto e credetti di capire
che era caduto nel gioco. Infatti propose: «Io te ne do
dieci di più... vuoi darmela?» in tono dolce, convincente. Cesare levò gli occhi verso di me e poi disse, con
giusto tono di scusa: «Lo vedete?... c'era prima lui...
mi dispiace... debbo darla a lui».

Il giovanotto si passò la mano sui baffi biondi,

guardandoci: «Però i soldi qui non ce li ho... vieni con me e te li do».

«Dove?».

«In questura!».

Cesare mi guardò, spaventato, anzi, più morto che vivo dalla paura. Capii che dovevo intervenire con la massima decisione e, facendomi di mezzo: «Un momento... con che diritto? Chi siete?... Siete un agente?».

«Non sono un agente, no» rispose quello *beffardo* »ma non sono neppure così scemo come voi due credete... volevate vendermi la patacca eh?... Venite con me in questura... lì ci spiegheremo meglio».

Cesare mi guardava, disperato. Ebbi un'idea e dissi: «Voi vi sbagliate... può darsi che lui sembri un *truffatore,* io il *compare* e voi la vittima... ma in realtà io non lo conosco, voi non siete la vittima e io sono veramente un antiquario... e la moneta è buona... tanto è vero che la compro subito...». Mi voltai verso Cesare e gli comandai: «Da' qua la moneta e allunga la mano». Lui ubbidì e io, una sull'altra, gli contai in mano le cinquantamila lire di Ottavio. Poi dissi al giovanotto: «Questo per regola vostra... imparate a distinguere la gente onesta dai truffatori... imparate a far le differenze».

Ma quello rispose, per nulla convinto: «E chi mi dice che non siete d'accordo?».

Ora che avevo pagato sul serio la patacca, mi sentivo forte, l'odiavo. Dissi alzando le spalle: «D'accordo noi?...

---

in questura, alla polizia
beffardo, che prende in giro in modo crudele
truffatore, colui che imbroglia
compare, compagno

78

si vede che viene dalla campagna... ma torna al paese, torna».

«Ahò» fece lui, cattivo: «con chi credi di parlare? Non alzar la voce... *bullo*».

«Il bullo sei tu... e anche cretino». Ero fuori di me, senza motivo, forse perché, ormai, sentivo di aver ragione. Lui rispose: «Delinquente»; e io mi gettai contro di lui, facendo il gesto di afferrarlo per il collo. Intanto, però, si erano avvicinate alcune persone che ci divisero e lui, alzando le spalle, si allontanò tra la folla; e io, allora, mi voltai per cercare Cesare.

Mi si *gelò* il sangue vedendo che non c'era. La gente, dopo averci divisi, se ne andava per i fatti suoi; e Cesare non si vedeva né sul piazzale della stazione, né per i giardinetti, né dalla parte di piazza dell'Esedra. Era scomparso; e con lui le cinquantamila lire. Ebbi un gesto disperato così forte che qualcuno mi domandò: «Si sente male?».

Basta, tutto tremante per la rabbia, feci di corsa il breve tratto di strada dal piazzale a via Vicenza, dove stava il negozio di Ottavio. Lo trovai, al solito, dietro la vetrina; grasso, la barba lunga. Entrai, e, il più calmo possibile, gli dissi: «Guarda, Ottavio, che i soldi non posso darteli... se vuoi puoi prendere in cambio questa moneta romana».

Lui la prese calmo, senza guardarmi, se l'avvicinò all'occhio, l'esaminò un momento solo e poi cominciò a ridere. Come per conto suo. Quindi si alzò e, sempre ridendo e battendomi la mano sulla spalla, disse: «Pataccaro, pataccaro... oh, oh, oh..., sei finito pataccaro».

---

bullo, delinquente
gelare, diventare freddo

Domande

1. Chi sono i pataccari?

2. Come vive Attilio?

3. Perché accetta di combinare un affare con Cesare?

4. Come scelgono le loro vittime?

5. In quale modo Attilio viene impataccato?